W9-AGT-659

Classiques Larousse

Collection fondée par Félix Guirand, agrégé des lettres

Molière

L'École
des femmes

comédie

Édition présentée, annotée et expliquée
par
JACQUELINE BÉNAZÉRAF
agrégée de lettres classiques

LAROUSSE

© Larousse 1990.
ISSN 0297-4479.
ISBN 2-03-871306-5.

Sommaire

Jean-Baptiste Poquelin, dit Molière

Un mauvais fils ?

Jean-Baptiste Poquelin naît à Paris en 1622, fils aîné de Jean Poquelin et de Marie Cressé. Il perd sa mère à l'âge de 10 ans. Son père, « tapissier ordinaire de la maison du roi », lui assure la survivance de cette charge en 1637. Mais, sitôt ses études terminées au collège de Clermont (l'actuel lycée Louis-le-Grand, à Paris), tenu par des jésuites, Jean-Baptiste est l'ami des philosophes et savants Gassendi (1592-1655) et Bernier (1620-1688), ainsi que des écrivains Cyrano de Bergerac (1619-1655) et Chapelle (1626-1686). Il découvre avec eux la morale épicurienne, qui recherche la suppression de la souffrance et de la contrainte, ainsi que le libertinage, qui revendique l'indépendance de la pensée par rapport aux enseignements de l'Église.

À 21 ans, après avoir obtenu sa licence de droit à la faculté d'Orléans, il renonce brusquement à la charge de tapissier et, rompant avec son père, choisit le théâtre. Cette rupture est marquée par sa liaison ouverte avec une comédienne, Madeleine Béjart, et par la fondation de l'Illustre-Théâtre.

Comédien ambulant

Le 26 juin 1644, il prend le nom de « Molière ». Il s'engage dans la compagnie de Dufresne et vit treize années de pérégrinations en province. La troupe trouve appui auprès du duc d'Épernon, puis du prince de Conti, gouverneur du Languedoc. En 1655, à Lyon, Molière crée *l'Étourdi* ; puis, en 1656, à Béziers, *le Dépit amoureux*, inspiré par la commedia dell'arte. L'expérience provinciale, en dépit des difficultés quotidiennement affrontées, confirme une vocation irrésistible.

Philippe Caubère (Molière) et Brigitte Catillon (Madeleine Béjart)
dans le film *Molière,* d'Ariane Mnouchkine, 1978.

Le retour à Paris : les premiers succès

En 1658, de retour à Paris, Molière fait agréer ses services à
Monsieur, frère du roi, qui lui accorde une pension et le
présente au roi et à la reine.

Dès 1659, la pièce *les Précieuses ridicules* inaugure la série
des chefs-d'œuvre de Molière, qui s'affirme comme directeur
de troupe. Il s'installe à la fin de 1658, avec dix acteurs et
actrices, au Petit-Bourbon, salle offerte par le roi.

Le 28 mai 1660, il met en scène avec succès *Sganarelle ou le Cocu imaginaire*, un acte en vers héroïco-burlesque sur une intrigue à quiproquos. L'auteur y crée lui-même le personnage de Sganarelle, qui reviendra dans six comédies.

Sans préavis, la salle du Petit-Bourbon est livrée à la démolition. La troupe de Molière se transporte au Palais-Royal. Molière donne le 4 février *Dom Garcie de Navarre ou le Prince jaloux*. La pièce n'est pas éditée, mais Molière en utilisera des fragments dans *le Misanthrope*. Le 24 juin 1661 est jouée *l'École des maris* au Palais-Royal, comédie en trois actes en vers dans laquelle un Sganarelle de 40 ans — bourgeois méfiant, ennemi de la mode et de tout libéralisme — est dupé par sa jeune pupille qu'il tyrannise et veut épouser.

Le 17 août de la même année, il crée *les Fâcheux*, comédie-ballet en trois actes et en vers, sorte de revue d'actualité des courtisans, galerie de portraits types. Le roi est enchanté.

L'École des femmes : premier succès... et polémique

Le 20 février 1662, Molière, à 40 ans, épouse Armande Béjart, dont l'identité est encore à ce jour très mystérieuse : est-elle fille ou sœur de Madeleine Béjart ? Cette même année, Molière fait jouer *l'École des femmes*, pièce de cinq actes en vers qui marque un tournant dans son œuvre. Arnolphe, 42 ans, redoute le cocuage et se gausse des cocus. Pour éviter pareil ridicule, il prend la précaution de choisir une femme conforme à ses vœux et niaise à souhait. Cette pièce connaît un grand succès, mais, très vite, elle est discutée : la querelle de *l'École des femmes* se déclenche.

L'année suivante Molière répond par deux pièces. Le 1er juin 1663, *la Critique de l'École des femmes*, « dissertation en forme de comédie » ; en octobre, *l'Impromptu de Versailles*, un acte en prose au cours duquel Molière se représente en train de faire répéter sa troupe.

En janvier 1664, il écrit *le Mariage forcé*, courte pièce en prose, entremêlée de ballets, pour une fête au Louvre.

Les années de combat

Molière provoque de très vives attaques contre lui en abordant avec *Tartuffe* (1664) le problème de l'hypocrisie religieuse. Ses ennemis, groupés en cabale, empêchent la poursuite des représentations, en dépit du soutien du roi. En attendant, Molière joue *Dom Juan* (1665), pièce dans laquelle il pose le problème du libertinage (voir p. 13). Après quinze représentations données avec succès au Palais-Royal, la pièce est interdite et ne sera plus jouée du vivant de son auteur.

La troupe de Molière devient la troupe du roi ; celui-ci commande une pièce à la hâte pour les fêtes de Versailles, *l'Amour médecin* (14 septembre 1665) qui, sur un vieux fond de farce française, se moque très précisément des « vedettes » du corps médical. Un cycle s'achève le 4 juin 1666 avec la création du *Misanthrope*, qui dénonce toutes les formes d'hypocrisie, concentrées dans un cercle social étroit.

Fin de carrière : le triomphe et la mort

Molière continue à créer malgré les soucis domestiques et la précarité de sa santé : *le Médecin malgré lui* (1666), *Amphitryon*, *George Dandin*, *l'Avare* (1668).

Le 4 février 1669, *Tartuffe* est enfin autorisé. Comédien en titre du roi depuis 1665, Molière est un véritable « intendant des spectacles royaux ». Il écrit des pièces pour la Cour, dont une comédie-ballet aux intermèdes chantés et dansés entre les actes, *le Bourgeois gentilhomme* (1670). Il revient à la farce avec *les Fourberies de Scapin* (1671), et à la grande comédie de mœurs et de caractère avec *les Femmes savantes* (1672).

Madeleine Béjart disparaît à l'âge de 54 ans, le 17 février 1672. Dans sa dernière pièce, *le Malade imaginaire* (comédie-ballet), en 1673, Molière ridiculise à nouveau les médecins et leur suffisance. Il meurt le 17 février 1673, à l'issue de la quatrième représentation. Armande aura les plus grandes difficultés à obtenir de l'Église des funérailles.

Sept ans plus tard, la troupe de Molière, qui avait fusionné avec celles de l'Hôtel de Bourgogne et du Marais, donne naissance à la Comédie-Française.

Molière

création
de l'Illustre Théâtre
1643

l'Illustre Théâtre
devient
Troupe du Roi
1665

1622

1673

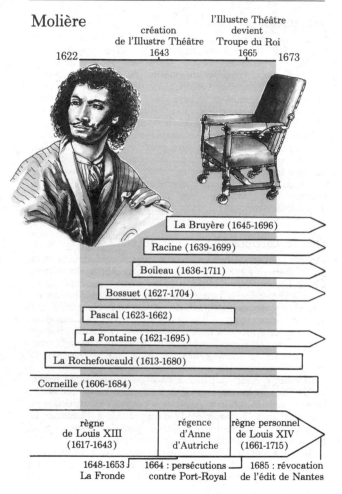

La Bruyère (1645-1696)

Racine (1639-1699)

Boileau (1636-1711)

Bossuet (1627-1704)

Pascal (1623-1662)

La Fontaine (1621-1695)

La Rochefoucauld (1613-1680)

Corneille (1606-1684)

règne de Louis XIII (1617-1643)	régence d'Anne d'Autriche	règne personnel de Louis XIV (1661-1715)

1648-1653
La Fronde

1664 : persécutions
contre Port-Royal

1685 : révocation
de l'édit de Nantes

Molière et la comédie

Une renaissance

À une époque où seule la tragédie était reconnue comme un genre noble, la comédie commence à reprendre vie en France avec Rotrou (1609-1650). Les autres principaux auteurs (Boisrobert, Scarron, Cyrano de Bergerac, Thomas Corneille, Quinault) manifestent peu de vigueur créatrice. Presque toute la production de cette époque s'inspire des comédies espagnoles et, plus rarement, italiennes. Les vrais techniciens du rire, d'ailleurs, sont surtout les acteurs, puisant à pleines mains dans le fameux « fonds commun » : Italiens de la commedia dell'arte, amuseurs du Pont-Neuf, comme Mondor ou Tabarin, comédiens de l'Hôtel de Bourgogne, toute une série de farceurs notoires, de Turlupin à Bruscambille, Jodelet, Gros René enfin...

Le trait le plus caractéristique de ce théâtre est l'opposition entre deux variétés du genre comique : la comédie d'intrigue et la farce. La première plaît par une expression excessive des sentiments qui se veut galante et précieuse, par le romanesque d'aventures surprenantes ; elle charme plus qu'elle ne fait rire. La farce, au contraire, déclenche un rire franc et populaire : personnages typiques, masques grotesques, clowneries, mimiques, grimaces, lazzis, calembours, tout un gros comique de situations, de gestes et de mots dans une tonalité qui peut aller jusqu'à la grossièreté. Les sentiments sont élémentaires, l'intrigue bâtie à la diable : gaieté et mouvement emportent tout, à la grande satisfaction des spectateurs.

Si Molière réalise la perfection du genre comique, c'est qu'il accomplit le difficile passage du bariolage à l'unité de ton. Loin de renier la farce, il l'intègre dans les comédies d'intrigue et de caractère les plus élaborées.

La farce

À la farce revient le privilège d'être issue de la veine populaire, de ce théâtre du Pont-Neuf où Molière enfant, probablement accompagné par son grand-père Cressé, a puisé son inspiration et, peut-être, découvert sa vocation.

La farce qui trouve ses sources dans le carnaval, la commedia dell'arte, avait en France une tradition très vivante aux XVe et XVIe siècles. Elle commence à perdre son crédit vers 1650-1660 parce qu'elle va à l'encontre des goûts de la société mondaine, des courants précieux et des théories des nouveaux doctes qui s'efforcent (comme Corneille) d'imposer une hiérarchie des genres et un style plus soutenu de comique.

La farce est quasiment partout dans l'œuvre de Molière, même dans les grandes comédies comme *Dom Juan*. En

La commedia dell'arte, gravure du XVIe siècle.
Recueil Fossard, Bibliothèque nationale, Paris.

revanche, *l'Étourdi, la Jalousie du Barbouillé* sont des farces à contenu qu'on pourrait qualifier de « tendancieux », pour reprendre l'expression du critique Charles Mauron (1899-1966) — triviales, grivoises, paillardes, proches de la tradition rabelaisienne.

La farce peut se faire moins brutale lorsque la satire s'exerce sous forme de travestissements ou d'allusions. *Le Médecin volant*, avec ses calembours, ses mots à double sens, en est un bon exemple. La farce, indulgente aux instincts violents et mal domptés, puise là ses thèmes préférés : le mariage, l'adultère, la ruse féminine. Elle reconnaît les besoins du corps : la faim, la douleur, le plaisir, le déplaisir. C'est ce qui explique peut-être que la médecine et le mariage soient des thèmes farcesques par excellence.

Dans la farce, le déguisement et le masque sont de rigueur : Sganarelle porte de grosses moustaches tombantes. Molière, dans un certain nombre de ses rôles, multiplie les roulements d'yeux, les soupirs et les quintes de toux. Humeurs, émois, manifestations physiques reviennent d'une pièce à l'autre. Les héros de farce sont des comiques à la façon de Charlot, Buster Keaton, Laurel et Hardy ou les Marx Brothers.

La farce est brève, sans développement. Les coups, les ruses dispensent de débat et d'intrigue véritable. Sans souci de raison ou de morale, c'est le plus fort ou le plus rusé qui triomphe.

Le goût pour la farce rythme toute l'œuvre de Molière : à l'état pur dans *le Médecin volant, le Médecin malgré lui, Monsieur de Pourceaugnac*, alliée à une intrigue amoureuse dans *les Fourberies de Scapin*, associée à une étude de mœurs dans *les Précieuses ridicules*, à une étude de caractère dans *l'École des femmes*, etc.

La comédie : un mot ambigu

La définition du genre comique a mis du temps à s'affirmer en termes précis. Ainsi Mme de Sévigné pouvait parler de « la comédie de *Bajazet* », bien qu'il s'agisse d'une tragédie (Racine, 1672). En effet, à cette époque, le terme de « comédie » désigne toute pièce de théâtre. Au XVIIᵉ siècle, le sens de « pièce de théâtre destinée à faire rire » s'impose concurremment.

Il existe alors deux sortes de comédies : la comédie héroïque, qui met en scène des personnages de haute naissance ou légendaires, comme dans la tragédie, et la parodie (aujourd'hui encore l'une des meilleures sources de comique), qui tourne en dérision les êtres et les actions les plus nobles. Contrairement à celui de la tragédie, le dénouement de la comédie doit être heureux. C'est pourquoi la tragédie du *Cid* est classée dans la catégorie des tragi-comédies.

Mais le XVIIᵉ siècle, qui veut tout classifier, distingue deux genres comiques. Le « bas » comique provoque un rire franc ; le « haut » comique invite à sourire. Pour Molière, comédien et directeur de troupe avant tout, l'essentiel est de faire rire le spectateur par tous les moyens : mimiques, gestes, quiproquos, jeux de mots, etc.

L'*École des femmes*, une comédie complète ?

Avec cette pièce, Molière fonde la comédie d'intrigue et de mœurs, sans oublier tout à fait les ressorts de la farce. *L'École des femmes* pourrait être qualifiée de « morale » en raison du débat sur le mariage et l'éducation des jeunes filles. C'est aussi une satire du barbon, et enfin une comédie psychologique par son étude fine des caractères.

De la farce relèvent des personnages simples comme le valet et la servante, les coups de bâton, certains jeux de scène, etc. Le comédien et metteur en scène Louis Jouvet a vu dans cette pièce un vaudeville. En fait, *l'École des femmes* déroule une logique de la dérision et du plaisir, jusqu'à son dénouement.

Les comédies engagées

Avec *Tarfuffe, Dom Juan* et *le Misanthrope*, Molière ne se contente pas de peindre les ridicules. Sa critique de la société se radicalise.

Tartuffe, « l'imposteur », est un aventurier laïc qui, sous couvert de dévotion, tente de diriger les consciences d'une famille bourgeoise afin d'accaparer ses biens. Molière vise dans cette pièce les faux dévots, notamment la très puissante Compagnie du Saint-Sacrement, qui, si elle n'était pas approuvée par le roi, jouissait du soutien de la reine mère. L'interdiction de cette pièce engage Molière dans un combat public qui le marquera jusqu'à la fin de ses jours.

Dom Juan, lui, est un grand seigneur amoral dont l'insatiabilité amoureuse défie tout à la fois la religion, l'ordre social et le code aristocratique. Il va jusqu'à emprunter le masque de la dévotion pour continuer sa vie de libre-penseur et de séducteur.

Alceste, dans le *Misanthrope*, dénonce l'hypocrisie et le caractère factice de la vie mondaine. Il s'efforce d'imposer une morale du sentiment et de la vérité. Il échoue et décide de se retirer du monde.

Les divertissements royaux

Une part importante de la création moliéresque, considérée par la critique traditionnelle comme secondaire, est commandée par le souverain et lui est dédiée. Les fêtes pastorales ou à thème mythologique, qui animaient les divertissements royaux au XVIᵉ siècle, font leur réapparition à la cour de Louis XIV. Le souverain aime ces spectacles de luxe, faits pour sa gloire, qui mettent en scène bergers, bergères, et divinités antiques.

Molière écrit à la hâte des œuvres qui lui assurent la bienveillance du souverain : *la Princesse d'Élide*, *la Pastorale comique*, *les Amants magnifiques*, etc. Il collabore avec Lulli pour la composition des intermèdes musicaux et des ballets qui agrémentent ces pièces, comparables à ce que l'on appellerait aujourd'hui des comédies musicales.

Les personnages principaux

Arnolphe, le barbon

Ce prénom est d'origine italienne, et saint Arnolphe est le patron des maris trompés, comme en témoigne l'expression « devoir une chandelle à saint Arnolphe ». Dans l'*École des femmes*, Arnolphe est un riche bourgeois de 42 ans qui vient d'être anobli. Il règne en véritable tyran domestique sur son entourage. Vieux garçon, misogyne, mesquin et vulgaire, il ne croit évidemment pas à l'amour. La femme est pour lui une perpétuelle menace : pour sa fortune, car elle est dépensière, et surtout pour son honneur, car elle est fondamentalement perverse et ne rêve que de le faire cocu. Mais un bon bourgeois se doit de se marier. Aussi, Arnolphe entend-il dominer absolument sa future femme, qu'il a choisie et éduquée pour être le plus sotte possible.

Présent dans toutes les scènes (à l'exception de la scène 3 de l'acte II), Arnolphe harcèle Agnès et ses domestiques ; il tente d'assumer à lui seul les rôles de maître, de tuteur, de père, de directeur de conscience, de mari et d'amant afin d'assurer sa toute-puissance. Mais Arnolphe ne peut éliminer totalement l'amour qu'il découvre à ses dépens après avoir tout fait pour l'étouffer.

Agnès, une jeune fille ingénue

Elle n'apparaît que cinq fois sur la scène (150 vers sur les 1 779 de la pièce). Elle vit exclue de la société, privée du savoir, retenue captive par Arnolphe qui l'élève selon ses méthodes et son bon plaisir pour en faire une épouse soumise et idiote. Son ingénuité absolue, voulue par Arnolphe, se retourne contre lui. C'est avec un naturel parfait qu'Agnès

14

découvre, au cours de la pièce, l'amour, le droit d'aimer et d'exister, le principe de plaisir et la liberté de s'affirmer.

La découverte des élans du cœur et du corps, libre de tous principes, protège Agnès de toutes les leçons apprises, de toutes les imitations et de toutes les modes. L'affirmation de sa propre existence ne doit rien à personne. Elle présente avec simplicité et émotion, sans aucune coquetterie, en toute innocence, l'art d'inventer sa vie et d'aimer librement. Figure exemplaire du théâtre de Molière, ses brèves apparitions sont des moments de fraîcheur et de lumière d'autant plus forts qu'ils sont rares.

Horace, un jeune homme sincère

Au premier abord, c'est un personnage de convention, celui du jeune amoureux, du jeune premier de comédie. Il est à la mode : perruque, « beaux canons, force rubans et plumes, grands cheveux ».

Arnolphe qualifie tour à tour Horace de « galant, damoiseau, godelureau, séducteur ». C'est le stéréotype du blondin trompant le barbon, qui appartient au magasin d'accessoires de la comédie italienne. En dépit de certains traits convenus, Horace est pourtant un homme vrai, qui n'écoute que son cœur, au point de ne pouvoir pas même soupçonner qu'Arnolphe, son ami, son confident, puisse être son rival, et le despote qui tyrannise Agnès. La générosité et le naturel de la jeune fille le séduisent. À l'élan de l'amour il allie l'intelligence qui reconnaît en Agnès une personne étouffée par l'ignorance et un pouvoir abusif. Bref, il est le prince charmant qui éveille l'esprit et le cœur de la belle endormie.

Chrysalde, un homme effacé

Comme Arnolphe, Chrysalde est un bourgeois d'un certain âge. Mais, malgré leur amitié, les deux personnages sont aux antipodes. Homme de bon sens, placide, Chrysalde prône la tempérance en toute chose, voire la résignation, même sur le sujet épineux du cocuage.

Bien qu'il en ait quelques traits, il n'atteint pas la consistance de l'« honnête homme » (voir p. 21). Présent dans très peu de scènes, il ne parvient jamais à opposer avec autorité une conception idéale du mariage aux délires d'Arnolphe.

Louis Jouvet dans le rôle d'Arnolphe
au théâtre de l'Athénée en 1936.

De quoi s'agit-il ?

Épouser une sotte pour n'être point sot

Arnolphe confie à son ami Chrysalde qu'il s'est décidé à se marier. Pour se préserver de l'infidélité des femmes et pour éviter d'être cocu (= sot), il a jeté naguère son dévolu sur une petite fille de 4 ans qu'il a fait élever dans un couvent, dans la solitude et l'ignorance complète ; puis il l'a cloîtrée dans sa maison à l'âge de 17 ans, en la faisant garder par des serviteurs niais, Georgette et Alain.

Chrysalde, sceptique à l'écoute de ces principes d'éducation, se demande comment une femme maintenue dans un tel état d'ignorance peut distinguer le bien du mal et donner du plaisir à son époux.

Au moment où il s'apprête à revoir Agnès, Arnolphe rencontre devant sa maison le fils de son ami Oronte, le jeune Horace, récemment arrivé. Celui-ci lui conte son aventure galante : une rencontre avec une jeune fille prénommée Agnès, gardée par un jaloux Monsieur « de la Zousse ou Source ». Arnolphe devient ainsi le confident d'Horace.

Aveu de l'innocente Agnès

Sitôt revenu chez lui, Arnolphe interroge Agnès. L'aveu qu'elle lui fait de sa rencontre avec Horace et du ruban qu'il lui a dérobé n'inquiète pas Arnolphe en fin de compte. Mais il décide d'avancer la date de son mariage avec elle et lui ordonne de recevoir désormais le jeune homme à coups de pierres.

Le sermon du mariage

Arnolphe, pour préparer Agnès au mariage, la sermonne longuement et lui fait lire les « Maximes du mariage », qui feront d'elle une femme soumise et docile. Arnolphe se félicite du pouvoir qu'il a sur elle.

Survient un coup de théâtre : Horace arrive et révèle à Arnolphe l'ingéniosité et le courage de la jeune Agnès. Celle-ci l'a chassé d'une pierre accompagnée d'une lettre d'amour. Il en fait lecture et commentaire à celui qu'il croit son ami.

L'état de siège

Résolu à lutter pour conserver la jeune fille, Arnolphe met sa maison en état de siège et fait répéter à ses serviteurs les moyens d'opposer à Horace une vigoureuse résistance. Peine perdue. Le jeune homme vient raconter qu'il s'est fait recevoir dans la chambre d'Agnès : tandis qu'il était enfermé dans un placard, il a pu entendre la colère de Monsieur de la Souche. Il expose son plan d'enlever la jeune fille pendant la nuit, en escaladant le balcon. Arnolphe est partagé entre le désespoir et la rage. Il refuse de dîner avec Chrysalde, invité le matin même. Celui-ci tente de lui donner une leçon d'indulgence. Arnolphe n'entend rien et décide de faire « rosser » Horace par ses domestiques.

Le trio sur la scène

Horace, assommé, a fait le mort. Arnolphe est au désespoir d'avoir tué le fils de son meilleur ami. Agnès parvient à s'enfuir et à rejoindre celui qu'elle aime. Horace remet la jeune fille à Arnolphe pour ne pas compromettre son honneur. À peine celui-ci parti, Arnolphe, masqué, entraîne sa pupille. Il lui dévoile son identité et lui adresse de violents reproches, puis lui avoue son amour. Mais Agnès lui ôte tout espoir. Tandis qu'Arnolphe la promet au couvent, arrive d'Amérique

Enrique, le beau-frère de Chrysalde, qui se révèle être le père d'Agnès, venu pour la marier à Horace. Le dénouement est rapide : les jeunes gens sont heureux et Arnolphe disparaît.

Deux contre un : les antagonismes des personnages

Arnolphe	Agnès - Horace
Acte I : Exposé de sa méthode (précautions).	1er récit de la rencontre : Horace - Agnès.
Acte II : Décision du mariage.	2e récit de la rencontre : Horace - Agnès.
Acte III : Le sermon sur le mariage et préparatifs.	3e récit : la lettre d'Agnès.
Acte IV : L'état de siège.	4e récit : Agnès reçoit Horace. Rendez-vous nocturne. Projet d'évasion.
Acte V : L'embuscade.	Fuite.

Dénouement heureux :
la jeunesse et l'amour triomphent
de la vieillesse et du despotisme.

Quelques mots et tournures du XVIIe siècle

amant(e) : qui aime et est aimé(e).

appas : au singulier et au pluriel : ce qui sert à tromper ou à séduire ; artifice, ruse ; attraits, charmes (v. 37).

bailler : donner (expression vieillotte) [v. 430].

barbon : vieillard (sens péjoratif).

blondin : jeune galant (v. 596).

bouchonner : cajoler, caresser (familier) [v. 1595].

clartés : connaissances, lumières de l'esprit (v. 95).

commerce : relations avec les autres, fréquentations (v. 320).

damoiseau : jeune gentilhomme non encore chevalier (v. 33) ; jeune homme coquet, efféminé (péjoratif).

donner la main : se fiancer ou épouser (v. 1), selon le contexte.

dragon de vertu : femme d'une vertu austère et farouche, le plus souvent affectée (v. 1296).

feux : passion, amour, ardeur amoureuse (v. 1426).

fortune : bonne fortune, aventure galante (v. 300).

gaillard : libre, un peu hardi (v. 306).

galant : distingué, élégant, raffiné, poli, courtois (v. 35, 38, 292, etc.). Employé comme nom : homme qui recherche les aventures amoureuses, rusé compère et sans scrupules.

gober le morceau : se laisser duper (v. 377).

homme gendarmé : homme furieux et prêt à se défendre (avec une nuance de ridicule) [v. 927].

honnête : estimable, qui fait honneur, convenable (v. 108).

honnête homme : personne cultivée, joignant la noblesse des sentiments à celle de la naissance, de société agréable par sa probité, sa discrétion, son goût.

honnêteté : honorabilité (v. 106).

honneur : respect (v. 656).

huppé : habile, malin (v. 74).

ingénuité : simplicité, franchise (v. 478).

innocence : qualité de celui qui ne nuit à personne ; qui n'a commis aucune faute (mot le plus fréquent pour désigner Agnès) [v. 79].

maligne influence : fluide astral dangereux (terme d'astrologie) [v. 80].

marotte : sceptre des fous de cour. Ici, comme dans la langue familière, manie ridicule (v. 103).

objet : expression courante, d'origine précieuse, pour désigner la personne aimée (v. 317).

satire : moquerie (v. 43). Revers de satire : retournement de la situation où le railleur donnerait à son tour prise à la moquerie (v. 56).

s'ennuyer : (sens très fort) se désespérer (v. 1479).

se purger : se justifier, se disculper, laver sa faute (v. 39).

tympaniser : battre le tambour ; faire un bruit moqueur au passage de quelqu'un ; le railler publiquement (v. 72).

Quelques tournures syntaxiques

C'est donc ainsi qu'absent vous m'avez obéi (v. 389) : construction libre mais claire, fréquente à l'époque ; équivaut à « c'est donc ainsi que vous m'avez obéi pendant que j'étais absent... ».

Dont vous veuille garder la céleste bonté (v. 738) : subjonctif de prière : « puisse la céleste bonté vous garder de cela ».

Je ne sais qui me tient (v. 1564) : je ne sais ce qui me retient.

Portrait de Molière,
aquarelle de l'école française du XVIIᵉ siècle.
Musée des Beaux-Arts, Orléans.

MOLIÈRE

L'École
des femmes

comédie
représentée pour la première fois
le 26 décembre 1662

Épître

À MADAME[1]

MADAME,

Je suis le plus embarrassé homme du monde[2] lors qu'il me faut dédier un livre, et je me trouve si peu fait au style d'épître dédicatoire que je ne sais par où sortir de celle-ci. Un autre auteur qui serait à ma place trouverait d'abord cent belles choses à dire à VOTRE ALTESSE ROYALE sur le titre de l'École des femmes et l'offre qu'il vous en ferait. Mais pour moi, MADAME, je vous avoue mon faible[3]. Je ne sais point cet art de trouver des rapports entre des choses si peu proportionnées ; et, quelques belles lumières que mes confrères les auteurs me donnent tous les jours sur de pareils sujets, je ne vois point ce que VOTRE ALTESSE ROYALE pourrait avoir à démêler avec la comédie que je lui présente. On n'est pas en peine, sans doute, comment[4] il faut faire pour vous louer. La matière, MADAME, ne saute que trop aux yeux, et, de quelque côté qu'on vous regarde, on rencontre gloire sur gloire et qualités sur qualités. Vous en avez, MADAME, du côté du rang et de la naissance, qui vous font respecter de toute la terre. Vous en avez du côté des grâces et de l'esprit et du corps, qui vous font admirer de toutes les personnes qui vous voient. Vous en avez du côté de l'âme, qui, si l'on ose parler ainsi,

---

1. *Madame :* Henriette d'Angleterre, femme de Monsieur, frère du roi, protecteur de Molière. Fine et cultivée, elle goûtait, selon Bossuet, « la beauté des ouvrages de l'esprit ». Racine lui dédia *Andromaque*.
2. *Du monde :* complément du superlatif « le plus embarrassé ».
3. *Faible :* insuffisance.
4. *Comment :* de savoir comment (latinisme).

vous font aimer de tous ceux qui ont l'honneur d'approcher de vous, je veux dire cette douceur pleine de charmes dont vous daignez tempérer la fierté des grands titres que vous portez ; cette bonté toute obligeante, cette affabilité généreuse, que vous faites paraître pour tout le monde[1], et ce sont particulièrement ces dernières pour qui je suis, et dont je sens fort bien que je ne me pourrai taire quelque jour. Mais, encore une fois, MADAME, je ne sais point le biais de faire entrer ici des vérités si éclatantes, et ce sont choses, à mon avis, et d'une trop vaste étendue et d'un mérite trop relevé pour les vouloir[2] renfermer dans une épître et les mêler avec des bagatelles. Tout bien considéré, MADAME, je ne vois rien à faire ici pour moi que de dédier simplement ma comédie, et de vous assurer, avec tout le respect qu'il m'est possible, que je suis de VOTRE ALTESSE ROYALE, MADAME,

Le très-humble, très-obéissant et très-obligé serviteur,

J.-B. MOLIÈRE.

---

1. *Pour tout le monde :* le portrait très élogieux que fait Molière d'Henriette d'Angleterre répond à l'exigence du genre dédicatoire, mais correspond très fidèlement à l'opinion qu'avaient d'elle ses contemporains, comme en témoigne l'*Oraison funèbre d'Henriette d'Angleterre,* écrite à sa mort par Bossuet, en 1670.
2. *Les vouloir :* ordre syntaxique normal au XVIIe siècle.

Préface

Bien des gens[1] ont frondé[2] d'abord cette comédie ; mais les rieurs ont été pour elle, et tout le mal qu'on en a pu dire n'a pu faire qu'elle n'ait eu un succès[3] dont je me contente. Je sais qu'on attend de moi, dans cette impression, quelque préface qui réponde aux censeurs, et rende raison de[4] mon ouvrage ; et sans doute que je suis assez redevable à toutes les personnes qui lui ont donné leur approbation pour me croire obligé de défendre leur jugement contre celui des autres ; mais il se trouve qu'une grande partie des choses que j'aurais à dire sur ce sujet est déjà dans une dissertation[5] que j'ai faite en dialogue, et dont je ne sais encore ce que je ferai. L'idée de ce dialogue, ou, si l'on veut, de cette petite comédie, me vint après les deux ou trois premières représentations de ma pièce. Je la dis, cette idée, dans une maison où je me trouvai un soir, et d'abord une personne de qualité[6], dont l'esprit est assez connu dans le monde, et qui me fait l'honneur de m'aimer, trouva le projet assez à son gré, non

---

1. *Bien des gens :* les ennemis de Molière dans la « querelle de *l'École des femmes* » (voir p. 163).
2. *Frondé :* critiqué. Les frondes (parlementaire et nobiliaire) s'étaient terminées neuf ans auparavant, laissant des traces dans les esprits et dans le vocabulaire.
3. *Succès :* résultat. Le registre de la troupe atteste que les onze premières représentations rapportèrent 12 747 livres, soit 1158 par représentation au lieu de 800 livres en moyenne. On s'écrasait aux portes du théâtre.
4. *Rendre raison de :* justifier.
5. *Dissertation :* la *Critique de l'École des femmes*, représentée le 10 juin 1663.
6. *Une personne de qualité :* l'abbé Du Buisson.

seulement pour me solliciter d'y mettre la main, mais encore pour l'y mettre lui-même ; et je fus étonné que deux jours après il me montra toute l'affaire exécutée[1] d'une manière, à la vérité, beaucoup plus galante et plus spirituelle que je ne puis faire, mais où je trouvai des choses trop avantageuses pour moi ; et j'eus peur que, si je produisais cet ouvrage sur notre théâtre, on ne m'accusât d'abord d'avoir mendié les louanges qu'on m'y donnait. Cependant cela m'empêcha, par quelque considération, d'achever ce que j'avais commencé. Mais tant de gens me pressent tous les jours de le faire que je ne sais ce qui en sera, et cette incertitude est cause que je ne mets point dans cette préface ce qu'on verra dans la *Critique*, en cas que[2] je me résolve à la faire paraître. S'il faut que cela soit, je le dis encore, ce sera seulement pour venger le public du chagrin délicat de certaines gens : car, pour moi, je m'en tiens assez vengé par la réussite de ma comédie, et je souhaite que toutes celles que je pourrai faire soient traitées par eux comme celle-ci, pourvu que le reste suive de même.

---

1. *L'affaire exécutée* : la « comédie » écrite ; cette œuvre de circonstance ne fut, au reste, jamais jouée.
2. *En cas que* : on dirait aujourd'hui « au cas où », suivi du conditionnel.

Personnages

Arnolphe, *tuteur d'Agnès, se faisant appeler Monsieur de la Souche.*

Agnès, *jeune fille innocente adoptée et élevée par Arnolphe.*

Horace, *amant d'Agnès.*

Alain, *paysan, valet d'Arnolphe.*

Georgette, *paysanne, servante d'Arnolphe.*

Chrysalde, *ami d'Arnolphe.*

Enrique, *beau-frère de Chrysalde.*

Oronte, *père d'Horace et ami d'Arnolphe.*

Un notaire.

La scène est dans une place de ville.

Acte premier

SCÈNE PREMIÈRE. CHRYSALDE, ARNOLPHE.

CHRYSALDE

Vous venez, dites-vous, pour lui donner la main ?

ARNOLPHE

Oui, je veux terminer la chose dans demain[1].

CHRYSALDE

Nous sommes ici seuls, et l'on peut, ce me semble,
Sans crainte d'être ouïs, y discourir ensemble.
5 Voulez-vous qu'en ami je vous ouvre mon cœur ?
Votre dessein pour vous me fait trembler de peur ;
Et, de quelque façon que vous tourniez l'affaire,
Prendre femme est à vous un coup bien téméraire.

ARNOLPHE

Il est vrai, notre ami, peut-être que chez vous
10 Vous trouvez des sujets de crainte pour chez nous ;
Et votre front, je crois, veut que du mariage
Les cornes[2] soient partout l'infaillible apanage[3].

---

1. *Dans demain* : sens temporel de « dans », comme dans l'expression
« dans huit jours ».
2. *Cornes* : symbole des maris trompés depuis le xvᵉ siècle. On avait
autrefois l'habitude de couper les ergots aux coqs châtrés et de les
leur implanter dans la crête où, devenus grands, ils ressemblaient à
deux cornes. Ces coqs privés de leurs fonctions sexuelles furent
comparés aux maris trompés. De là : *cornard*, « cocu », 1608. Le mot
rattache la pièce à la tradition du fabliau.
3. *Apanage* : au figuré, ce qui est le propre de quelqu'un ou de
quelque chose.

CHRYSALDE

Ce sont coups du hasard, dont on n'est point garant[1]
Et bien sot, ce me semble, est le soin[2] qu'on en prend.
15 Mais, quand je crains pour vous, c'est cette raillerie
Dont cent pauvres maris ont souffert la furie ;
Car enfin vous savez qu'il n'est grands ni petits
Que de votre critique on ait vus garantis ;
Car vos plus grands plaisirs sont, partout où vous êtes,
20 De faire cent éclats des intrigues secrètes...

ARNOLPHE

Fort bien : est-il au monde une autre ville aussi
Où l'on ait des maris si patients qu'ici ?
Est-ce qu'on n'en voit pas de toutes les espèces,
Qui sont accommodés[3] chez eux de toutes pièces ?
25 L'un amasse du bien, dont sa femme fait part
A ceux qui prennent soin de le faire cornard,
L'autre, un peu plus heureux, mais non pas moins infâme[4],
Voit faire tous les jours des présents à sa femme,
Et d'aucun soin jaloux n'a l'esprit combattu
30 Parce qu'elle lui dit que c'est pour sa vertu.
L'un fait beaucoup de bruit, qui ne lui sert de guères[5] ;
L'autre en toute douceur laisse aller les affaires,
Et, voyant arriver chez lui le damoiseau[6],
Prend fort honnêtement ses gants et son manteau.
35 L'une de son galant, en adroite femelle,
Fait fausse confidence à son époux fidèle,
Qui dort en sûreté sur un pareil appas,
Et le plaint, ce galant, des soins qu'il ne perd pas ;
L'autre, pour se purger de sa magnificence,

---

1. *Garant* : garanti, préservé.
2. *Soin* : le souci (latinisme).
3. *Accommodés* : traités sans égards.
4. *Infâme* : perdu de réputation.
5. *De guères* : guère. Le *s* est dit adverbial, et conservé par les poètes en raison de la rime « pour l'œil ».
6. *Damoiseau* : jeune freluquet qui fait la cour aux dames.

40 Dit qu'elle gagne au jeu l'argent qu'elle dépense,
Et le mari benêt, sans songer à quel jeu,
Sur les gains qu'elle fait rend des grâces à Dieu.
Enfin ce sont partout des sujets de satire ;
Et, comme spectateur, ne puis-je pas en rire ?
45 Puis-je pas[1] de nos sots...

CHRYSALDE

Oui ; mais qui rit d'autrui

Doit craindre qu'en revanche on rie aussi de lui.
J'entends parler le monde, et des gens se délassent
À venir débiter les choses qui se passent ;
Mais, quoi que l'on divulgue aux endroits où je suis,
50 Jamais on ne m'a vu triompher de ces bruits ;
J'y suis assez modeste[2] ; et, bien qu'aux occurrences[3]
Je puisse condamner certaines tolérances,
Que mon dessein ne soit de souffrir[4] nullement
Ce que d'aucuns[5] maris souffrent paisiblement,
55 Pourtant je n'ai jamais affecté[6] de le dire :
Car enfin il faut craindre un revers de satire
Et l'on ne doit jamais jurer, sur de tels cas,
De ce qu'on pourra faire ou bien ne faire pas.
Ainsi, quand à mon front, par un sort qui tout mène,
60 Il serait arrivé quelque disgrâce humaine,
Après mon procédé, je suis presque certain
Qu'on se contentera de s'en rire sous main[7] ;
Et peut-être qu'encor j'aurai cet avantage
Que quelques bonnes gens diront que c'est dommage.
65 Mais de vous, cher compère, il en est autrement :
Je vous le dis encor, vous risquez diablement.

---

1. *Puis-je pas* : ellipse de « ne », habituelle dans la langue orale.
2. *Modeste* : réservé sur ce sujet.
3. *Occurrences* : à l'occasion.
4. *Souffrir* : supporter.
5. *Aucuns* : certains.
6. *Affecté* : aimer à, désirer vivement.
7. *Sous main* : secrètement, en cachette.

Comme sur les maris accusés de souffrance[1]
De tout temps votre langue a daubé[2] d'importance,
Qu'on vous a vu contre eux un diable déchaîné,
70 Vous devez marcher droit pour n'être point berné ;
Et, s'il faut que sur vous on ait la moindre prise,
Gare qu'aux carrefours on ne vous tympanise.
Et...

ARNOLPHE

Mon Dieu, notre ami, ne vous tourmentez point ;
Bien huppé qui pourra m'attraper sur ce point.
75 Je sais les tours rusés et les subtiles trames
Dont, pour nous en planter[3], savent user les femmes,
Et comme on est dupé par leurs dextérités ;
Contre cet accident j'ai pris mes sûretés,
Et celle que j'épouse a toute l'innocence
80 Qui peut sauver mon front de maligne influence.

CHRYSALDE

Et que prétendez-vous qu'une sotte, en un mot...

ARNOLPHE

Épouser une sotte est pour n'être point sot[4].
Je crois, en bon chrétien[5], votre moitié fort sage ;
Mais une femme habile est un mauvais présage,
85 Et je sais ce qu'il coûte à de certaines gens
Pour avoir pris les leurs avec trop de talents.
Moi, j'irais me charger d'une spirituelle[6]
Qui ne parlerait rien que cercle[7] et que ruelle[8],
Qui de prose et de vers ferait de doux écrits,

---

1. *Souffrance :* patience coupable.
2. *A daubé :* a raillé.
3. *En planter :* planter des cornes.
4. *Sot :* mari trompé. *Sotte :* innocente.
5. *Chrétien :* être charitable.
6. *Spirituelle :* intellectuelle.
7. *Cercle :* réunion mondaine à prétentions intellectuelles.
8. *Ruelle :* espace compris entre le lit et le mur latéral de la chambre,
où les précieuses recevaient leur visite.

90 Et que visiteraient marquis et beaux esprits,
Tandis que, sous le nom du mari de Madame,
Je serais comme un saint que pas un ne réclame[1] ?
Non, non, je ne veux point d'un esprit qui soit haut,
Et femme qui compose en sait plus qu'il ne faut.
95 Je prétends que la mienne, en clartés peu sublime,
Même ne sache pas ce que c'est qu'une rime,
Et s'il faut qu'avec elle on joue au corbillon[2],
Et qu'on vienne à lui dire à son tour : « Qu'y met-on ? »
Je veux qu'elle réponde : « Une tarte à la crème » ;
100 En un mot qu'elle soit d'une ignorance extrême ;
Et c'est assez pour elle, à vous en bien parler,
De savoir prier Dieu, m'aimer, coudre et filer.

CHRYSALDE

Une femme stupide est donc votre marotte ?

ARNOLPHE

Tant, que j'aimerais mieux une laide bien sotte
105 Qu'une femme fort belle avec beaucoup d'esprit.

CHRYSALDE

L'esprit et la beauté...

ARNOLPHE

L'honnêteté[3] suffit.

CHRYSALDE

Mais comment voulez-vous, après tout, qu'une bête
Puisse jamais savoir ce que c'est qu'être honnête ?
Outre qu'il est assez ennuyeux, que je croi,
110 D'avoir toute sa vie une bête avec soi,
Pensez-vous le bien prendre, et que sur votre idée
La sûreté d'un front puisse être bien fondée ?

---

1. *Réclame* : invoque, implore.
2. *Corbillon* : au propre, petite corbeille. Le jeu du corbillon était un
jeu dans lequel à la question : « Corbillon, qu'y met-on ? » il fallait
répondre par un nom en « on ».
3. *Honnêteté* : dans la bouche d'Arnolphe, est réduite aux principes
de la pudeur et de la chasteté conjugales.

Une femme d'esprit peut trahir son devoir ;
Mais il faut, pour le moins, qu'elle ose le vouloir ;
115 Et la stupide au sien peut manquer d'ordinaire
Sans en avoir l'envie, et sans penser le faire[1].

ARNOLPHE

À ce bel argument, à ce discours profond,
Ce que Pantagruel à Panurge[2] répond :
Pressez-moi de me joindre à femme autre que sotte ;
120 Prêchez, patrocinez[3] jusqu'à la Pentecôte,
Vous serez ébahi, quand vous serez au bout,
Que vous ne m'aurez rien persuadé du tout.

CHRYSALDE

Je ne vous dis plus mot.

ARNOLPHE

Chacun a sa méthode.
En femme, comme en tout, je veux suivre ma mode.
125 Je me vois riche assez pour pouvoir, que je crois,
Choisir une moitié qui tienne tout de moi
Et de qui la soumise et pleine dépendance
N'ait à me reprocher aucun bien[4] ni naissance[5].
Un air doux et posé, parmi d'autres enfants,
130 M'inspira de l'amour pour elle dès quatre ans[6] :
Sa mère se trouvant de pauvreté pressée,
De la lui demander il me vint la pensée,
Et la bonne paysanne[7], apprenant mon désir,
À s'ôter cette charge eut beaucoup de plaisir.

---

1. *Sans ... faire :* argument tiré de *la Précaution inutile* de Scarron.
2. *Ce que ... à Panurge :* (ellipse du verbe « je dirais ») « Prêchez et patrocinez d'ici à la Pentecôte, enfin vous serez ébahi comment rien ne m'aurez persuadé... » (chapitre V du *Tiers Livre* de Rabelais).
3. *Patrocinez :* plaidez comme un avocat.
4. *Bien :* dot apportée lors du mariage.
5. *Naissance :* mésalliance sociale.
6. *Dès quatre ans :* alors qu'elle n'avait que cet âge.
7. *Paysanne :* il faut prononcer « pai-sanne ».

135 Dans un petit convent[1], loin de toute pratique[2],
    Je la fis élever selon ma politique,
    C'est-à-dire ordonnant quels soins on emploierait
    Pour la rendre idiote[3] autant qu'il se pourrait.
    Dieu merci, le succès a suivi mon attente.
140 Et, grande, je l'ai vue à tel point innocente
    Que j'ai béni le Ciel d'avoir trouvé mon fait[4],
    Pour me faire une femme au gré de mon souhait.
    Je l'ai donc retirée, et, comme ma demeure
    À cent sortes de monde est ouverte à toute heure,
145 Je l'ai mise à l'écart, comme il faut tout prévoir,
    Dans cette autre maison, où nul ne me vient voir ;
    Et, pour ne point gâter sa bonté naturelle,
    Je n'y tiens que des gens tout aussi simples qu'elle.
    Vous me direz : « Pourquoi cette narration ? »
150 C'est pour vous rendre instruit de ma précaution.
    Le résultat de tout est qu'en ami fidèle,
    Ce soir, je vous invite à souper avec elle :
    Je veux que vous puissiez un peu l'examiner,
    Et voir si de mon choix on me doit condamner.

                    CHRYSALDE

155 J'y consens.

                    ARNOLPHE

        Vous pourrez, dans cette conférence[5],
    Juger de sa personne et de son innocence.

                    CHRYSALDE

    Pour cet article-là, ce que vous m'avez dit
    Ne peut...

                    ARNOLPHE

        La vérité passe encor mon récit.

---

1. *Convent* : orthographe habituelle, à l'époque, pour « couvent ».
2. *Pratique* : relation, fréquentation d'autrui.
3. *Idiote* : simple d'esprit.
4. *Mon fait* : mon affaire.
5. *Conférence* : rencontre.

Dans ses simplicités[1] à tous coups je l'admire,
160 Et parfois elle en dit dont je pâme de rire.
L'autre jour (pourrait-on se le persuader ?)
Elle était fort en peine, et me vint demander
Avec une innocence à nulle autre pareille,
Si les enfants qu'on fait se faisaient par l'oreille.

CHRYSALDE

165 Je me réjouis fort, Seigneur Arnolphe...

ARNOLPHE

                                        Bon !
Me voulez-vous toujours appeler de ce nom ?

CHRYSALDE

Ah ! malgré que j'en aie, il me vient à la bouche,
Et jamais je ne songe à Monsieur de la Souche.
Qui diable vous a fait aussi vous aviser,
170 À quarante et deux ans, de vous débaptiser,
Et d'un vieux tronc pourri de votre métairie[2]
Vous faire dans le monde un nom de seigneurie[3] ?

ARNOLPHE

Outre que la maison par ce nom se connaît,
La Souche plus qu'Arnolphe à mes oreilles plaît.

CHRYSALDE

175 Quel abus de quitter le vrai nom de ses pères
Pour en vouloir prendre un bâti sur des chimères[4] !
De la plupart des gens c'est la démangeaison[5] ;
Et, sans vous embrasser dans la comparaison,
Je sais un paysan qu'on appelait Gros-Pierre,
180 Qui, n'ayant pour tout bien qu'un seul quartier de terre,

---

1. *Simplicités :* au pl., manifestations de sa simplicité ; naïvetés.
2. *Métairie :* exploitation agricole dont le propriétaire partage les récoltes avec celui qui la cultive réellement et à qui il l'a louée.
3. *Seigneurie :* territoire sur lequel s'étend l'autorité du seigneur (à rapprocher du vers 712).
4. *Chimères :* pures illusions.
5. *Démangeaison :* envie brûlante.

Y fit tout à l'entour faire un fossé bourbeux,
Et de Monsieur de l'Isle[1] en prit le nom pompeux.

ARNOLPHE

Vous pourriez vous passer d'exemples de la sorte ;
Mais enfin de la Souche est le nom que je porte,
185 J'y vois de la raison, j'y trouve des appas,
Et m'appeler de l'autre est ne m'obliger pas.

CHRYSALDE

Cependant la plupart ont peine à s'y soumettre
Et je vois même encor des adresses de lettre...

ARNOLPHE

Je le souffre aisément de qui n'est pas instruit :
190 Mais vous...

CHRYSALDE

Soit. Là-dessus nous n'aurons point de bruit[2],
Et je prendrai le soin d'accoutumer ma bouche
À ne plus vous nommer que Monsieur de la Souche.

ARNOLPHE

Adieu. Je frappe ici pour donner le bonjour
Et dire seulement que je suis de retour.

CHRYSALDE, s'en allant.

195 Ma foi, je le tiens fou de toutes les manières.

ARNOLPHE

Il est un peu blessé[3] sur certaines matières.
Chose étrange de voir comme avec passion
Un chacun est chaussé[4] de son opinion !
Holà !...

---

1. *Monsieur de l'Isle* : allusion précise au frère de Pierre Corneille,
Thomas, qui avait pris le nom de Thomas de l'Isle.
2. *Bruit* : querelle.
3. *Blessé* : fou.
4. *Chaussé* : entêté.

Acte I Scène 1

L'ESPACE, LE TEMPS, LA SITUATION

1. Quelles sont les facilités de mise en scène que permet l'indication très vague de Molière (voir p. 28) ?

2. D'après les règles de la comédie classique (voir p. 190), l'action doit se dérouler en 24 heures. Arnolphe rencontre Chrysalde pour lui annoncer sa décision d'épouser Agnès. Relevez dans cette scène les indications temporelles.
Peut-on dire que l'*École des femmes* est une comédie classique ?

3. À la fin de cette scène, qu'avez-vous appris sur les personnages, leur passé, leurs intentions, leur situation matérielle ?
Pouvez-vous dire que l'action est déjà engagée ?
Ou s'agit-il d'une simple scène d'exposition, et, dans ce cas, estimez-vous que tous les éléments nécessaires sont réunis ? Justifiez votre réponse.

LES PERSONNAGES ET LEUR EXPRESSION

4. En vous référant au texte, essayez de distinguer les composantes comiques et tragiques du personnage d'Arnolphe. Dégagez les grands traits de son système. À votre avis, se présente-t-il comme un éducateur (un maître d'école) ou comme une sorte de despote (le maître d'une jeune fille) ? Appuyez votre réponse sur des exemples tirés du texte. Arnolphe insiste beaucoup pour être appelé par son nouveau nom. Cette insistance peut-elle être mise en rapport avec ses opinions sur le mariage et les femmes ? Le titre de noblesse qu'il s'impose n'est-il pas en désaccord avec son langage ? Relevez les discordances.

5. Chrysalde est un personnage « raisonneur ». Selon R. Bray, « les personnages plus ou moins épisodiques ont pour fonction d'avertir le public de ce qu'il faut penser de la question à débattre. Ils sont ceux dont il faut écouter la leçon et qui reflètent l'esprit des honnêtes gens ». Est-ce totalement le cas pour Chrysalde, dans cette scène ?

6. La « tarte à la crème » (vers 99) et « les enfants par l'oreille » (v. 164) que donne Arnolphe pour preuves de l'ignorance d'Agnès ont attiré de vives critiques de la part des adversaires de Molière. Pourquoi et comment ces expressions pouvaient-elles choquer un public cultivé ? un public précieux ?

SCÈNE 2. ALAIN, GEORGETTE, ARNOLPHE.

ALAIN

Qui heurte[1] ?

ARNOLPHE

Ouvrez. On aura, que je pense,
200 Grande joie à me voir après dix jours d'absence.

ALAIN

Qui va là ?

ARNOLPHE

Moi.

ALAIN

Georgette ?

GEORGETTE

Hé bien ?

ALAIN

Ouvre là-bas.

GEORGETTE

Vas-y, toi.

ALAIN

Vas-y, toi.

GEORGETTE

Ma foi, je n'irai pas.

ALAIN

Je n'irai pas aussi.

ARNOLPHE

Belle cérémonie,
Pour me laisser dehors ! Holà ho ! je vous prie.

GEORGETTE

205 Qui frappe ?

---

1. *Heurte :* frappe à la porte.

ARNOLPHE

Votre maître.

GEORGETTE

Alain ?

ALAIN

Quoi ?

GEORGETTE

C'est Monsieur.

Ouvre vite.

ALAIN

Ouvre, toi.

GEORGETTE

Je souffle notre feu.

ALAIN

J'empêche, peur du chat, que mon moineau ne sorte.

ARNOLPHE

Quiconque de vous deux n'ouvrira pas la porte
N'aura point à manger de plus de quatre jours.
210 Ah !

GEORGETTE

Par quelle raison y venir quand j'y cours ?

ALAIN

Pourquoi plutôt que moi ? le plaisant strodagème[1] !

GEORGETTE

Ôte-toi donc de là.

ALAIN

Non, ôte-toi toi-même.

GEORGETTE

Je veux ouvrir la porte.

ALAIN

Et je veux l'ouvrir, moi.

---

1. *Strodagème :* stratagème. Alain estropie un mot difficile pour lui.

GEORGETTE

Tu ne l'ouvriras pas.

ALAIN

Ni toi non plus.

GEORGETTE

Ni toi.

ARNOLPHE

215 Il faut que j'aie ici l'âme bien patiente !

ALAIN

Au moins, c'est moi, Monsieur.

GEORGETTE

Je suis votre servante ;

C'est moi.

ALAIN

Sans le respect de Monsieur que voilà,

Je te...

ARNOLPHE, *recevant un coup d'Alain.*

Peste !

ALAIN

Pardon.

ARNOLPHE

Voyez ce lourdaud-là !

ALAIN

C'est elle aussi, Monsieur...

ARNOLPHE

Que tous deux on se taise.

220 Songez à me répondre et laissons la fadaise.
Hé bien ! Alain, comment se porte-t-on ici ?

ALAIN

Monsieur, nous nous... Monsieur, nous nous por... Dieu
[merci !

Nous nous...

(Arnolphe ôte par trois fois le chapeau
de dessus la tête d'Alain.)

41

ARNOLPHE

Qui vous apprend, impertinente bête,
À parler devant moi le chapeau sur la tête ?

ALAIN

225 Vous faites bien, j'ai tort.

ARNOLPHE, *à Alain.*

(*À Georgette.*)   Faites descendre Agnès.
Lorsque je m'en allai, fut-elle triste après ?

GEORGETTE

Triste ? Non.

ARNOLPHE

Non ?

GEORGETTE

Si fait !

ARNOLPHE

Pourquoi donc ?...

GEORGETTE

Oui, je meure[1],
Elle vous croyait voir de retour à toute heure.
Et nous n'oyions[2] jamais passer devant chez nous
230 Cheval, âne ou mulet, qu'elle ne prît pour vous.

SCÈNE 3.   AGNÈS, ALAIN, GEORGETTE, ARNOLPHE.

ARNOLPHE

La besogne[3] à la main ! c'est un bon témoignage.
Hé bien ! Agnès, je suis de retour du voyage ;
En êtes-vous bien aise ?

---

1. *Je meure :* ellipse pour « que je meure ».
2. *Oyions :* entendions, imparfait de « ouïr » (terme paysan, désuet).
3. *Besogne :* ouvrage. Métonymie pour désigner les cornettes que coud Agnès.

AGNÈS

Oui, Monsieur, Dieu merci.

ARNOLPHE

Et moi, de vous revoir je suis bien aise aussi.
235 Vous vous êtes toujours, comme on voit, bien portée ?

AGNÈS

Hors les puces, qui m'ont la nuit inquiétée.

ARNOLPHE

Ah ? vous aurez dans peu quelqu'un pour les chasser.

AGNÈS

Vous me ferez plaisir.

ARNOLPHE

Je le puis bien penser.
Que faites-vous donc là ?

AGNÈS

Je me fais des cornettes[1] :
240 Vos chemises de nuit et vos coiffes[2] sont faites.

ARNOLPHE

Ah ! voilà qui va bien. Allez, montez là-haut :
Ne vous ennuyez point, je reviendrai tantôt,
Et je vous parlerai d'affaires importantes.
        (Tous étant rentrés.)
Héroïnes du temps, Mesdames les savantes,
245 Pousseuses de tendresse[3] et de beaux sentiments,
Je défie à la fois tous vos vers, vos romans,
Vos lettres, billets doux, toute votre science,
De valoir cette honnête et pudique ignorance.

---

1. *Cornettes :* ancienne coiffure féminine à coins pendants.
2. *Coiffes :* bonnets de nuit.
3. *Pousseuses de tendresse :* expression du langage précieux désignant les intellectuelles qui aiment exprimer de grands sentiments.

43

Acte I Scènes 2 et 3

LE PERSONNAGE D'AGNÈS

1. Agnès ne fait que cinq apparitions au cours de la pièce. Celle-ci est la première. Comment vous représentez-vous le personnage sur la scène ? Sa présence physique ? Le choix de la comédienne ?

2. Comparez Agnès avec les personnages de *la Dispute* de Marivaux dont il est dit au début de la pièce : « Quatre enfants au berceau, deux de votre sexe et deux du nôtre, furent portés dans la forêt où l'on avait fait bâtir cette maison exprès pour eux, où chacun d'eux fut logé à part, et où actuellement même il occupe un terrain dont il n'est jamais sorti, de sorte qu'ils ne se sont jamais vus. Ils ne connaissent encore que Mesrou et sa sœur qui ont toujours eu soin d'eux, et qui furent choisis de la couleur dont ils sont [noire], afin que leurs élèves en fussent étonnés quand ils verraient d'autres hommes. On va donc, pour la première fois, leur laisser la liberté de sortir de leur enceinte et de se connaître... »
Les quatre enfants de *la Dispute* sont isolés dans la forêt vierge d'Amérique, et Agnès, elle, dans un couvent. D'après vous, qu'ont de commun ces deux modes d'éducation ? Les objectifs sont-ils les mêmes ?

LA QUALITÉ DE L'EXPRESSION

3. Quel rôle jouent les déformations de vocabulaire et de syntaxe ? Quel est le souci de Molière dans cette présentation ? Songez qu'en France, au XVIIe siècle, la langue française se parlait essentiellement dans les milieux de la Cour et de la bourgeoisie parisienne.

4. Le jeu comique d'Alain et Georgette fait effet de miroir et renseigne le spectateur sur l'état d'esprit qui règne dans la maison en l'absence d'Arnolphe : que peut-on en dire ? Quels sont les divers registres comiques utilisés par Molière ?

SCÈNE 4.   HORACE, ARNOLPHE.

ARNOLPHE

Ce n'est point par le bien qu'il faut être ébloui,
250 Et, pourvu que l'honneur soit... Que vois-je ? Est-ce... Oui.
Je me trompe. Nenni[1]. Si fait. Non, c'est lui-même,
Hor...

HORACE

Seigneur Ar...

ARNOLPHE
Horace.

HORACE
Arnolphe.

ARNOLPHE
Ah ! joie extrême !

Et depuis quand ici ?

HORACE
Depuis neuf jours.

ARNOLPHE
Vraiment ?

HORACE
Je fus d'abord chez vous, mais inutilement.

ARNOLPHE
255 J'étais à la campagne[2].

HORACE
Oui, depuis deux journées.

---

1. *Nenni* : non (familier et déjà archaïque au xviiᵉ siècle).
2. *À la campagne* : Arnolphe y possède une métairie de quelque paroisse rurale.

ARNOLPHE

Oh ! comme les enfants croissent en peu d'années !
J'admire de le voir au point où le voilà,
Après que je l'ai vu pas plus grand que cela.

HORACE

Vous voyez.

ARNOLPHE

      Mais, de grâce, Oronte votre père,
260 Mon bon et cher ami, que j'estime et révère,
Que fait-il ? que dit-il ? est-il toujours gaillard ?
À tout ce qui le touche il sait que je prends part.
Nous ne nous sommes vus depuis quatre ans ensemble,
Ni, qui plus est, écrit l'un à l'autre, me semble.

HORACE

265 Il est, Seigneur Arnolphe, encor plus gai que nous,
Et j'avais de sa part une lettre pour vous ;
Mais, depuis, par une autre il m'apprend sa venue,
Et la raison encor ne m'en est pas connue.
Savez-vous qui peut être un de vos citoyens[1]
270 Qui retourne en ces lieux avec beaucoup de biens
Qu'il s'est en quatorze ans acquis dans l'Amérique[2] ?

ARNOLPHE

Non. Vous a-t-on point dit comme on le nomme ?

HORACE

                      Enrique.

ARNOLPHE

Non.

HORACE

      Mon père m'en parle, et qu'il est revenu,
Comme s'il devait m'être entièrement connu,

---

1. *Citoyens* : concitoyens.
2. *Amérique* : cf. les vers 1744-1745. On dit encore les Indes, les Isles, la Nouvelle-Angleterre.

275 Et m'écrit qu'en chemin ensemble ils se vont mettre
Pour un fait important que ne dit point sa lettre.

ARNOLPHE

J'aurai certainement grande joie à le voir,
Et pour le régaler[1] je ferai mon pouvoir[2].
(Après avoir lu la lettre.)
Il faut, pour des amis, des lettres moins civiles,
280 Et tous ces compliments sont choses inutiles ;
Sans qu'il prît le souci de m'en écrire rien,
Vous pouvez librement disposer de mon bien.

HORACE

Je suis homme à saisir les gens par leurs paroles,
Et j'ai présentement besoin de cent pistoles[3].

ARNOLPHE

285 Ma foi, c'est m'obliger que d'en user ainsi,
Et je me réjouis de les avoir ici.
Gardez aussi la bourse.

HORACE

Il faut[4]...

ARNOLPHE

Laissons ce style[5].
Eh bien ! comment encor trouvez-vous cette ville[6] ?

HORACE

Nombreuse en citoyens, superbe en bâtiments,
290 Et j'en crois merveilleux les divertissements.

---

1. *Régaler :* fêter.
2. *Mon pouvoir :* tout mon possible.
3. *Cent pistoles :* il s'agit d'une grosse somme égale à mille livres, c'est-à-dire plus que la recette d'une représentation de *l'École des femmes* dont on sait que le succès fut grand et la salle toujours pleine.
4. *Il faut :* Horace est prêt à délivrer un reçu.
5. *Style :* manière de procéder.
6. *Ville :* d'après l'historien E. Le Roy Ladurie, il s'agit d'une bourgade méridionale comme Pézenas que Molière connaissait.

ARNOLPHE

Chacun a ses plaisirs, qu'il se fait à sa guise ;
Mais, pour ceux que du nom de galants on baptise,
Ils ont en ce pays de quoi se contenter,
Car les femmes y sont faites à coqueter[1].
295 On trouve d'humeur douce et la brune et la blonde,
Et les maris aussi les plus bénins[2] du monde :
C'est un plaisir de prince, et des tours que je voi
Je me donne souvent la comédie à moi.
Peut-être en avez-vous déjà féru[3] quelqu'une.
300 Vous est-il point encore arrivé de fortune ?
Les gens faits comme vous font plus que les écus,
Et vous êtes de taille à faire des cocus.

HORACE

À ne vous rien cacher de la vérité pure,
J'ai d'amour en ces lieux eu certaine aventure,
305 Et l'amitié m'oblige à vous en faire part.

ARNOLPHE

Bon ! voici de nouveau quelque conte gaillard,
Et ce sera de quoi mettre sur mes tablettes.

HORACE

Mais, de grâce, qu'au moins ces choses soient secrètes.

ARNOLPHE

Oh !

HORACE

Vous n'ignorez pas qu'en ces occasions
310 Un secret éventé rompt nos précautions.
Je vous avouerai donc avec pleine franchise
Qu'ici d'une beauté mon âme s'est éprise.
Mes petits soins d'abord ont eu tant de succès

---

1. *Coqueter :* se livrer à un manège de coquetterie.
2. *Bénins :* indulgents.
3. *Féru :* participe de *férir,* frapper, blesser d'amour (dans le style burlesque).

Que je me suis chez elle ouvert un doux accès ;
315 Et, sans trop me vanter, ni lui faire une injure,
Mes affaires y sont en fort bonne posture.

ARNOLPHE, *riant.*

Et c'est ?

HORACE, *lui montrant le logis d'Agnès.*
Un jeune objet qui loge en ce logis
Dont vous voyez d'ici que les murs sont rougis :
Simple[1], à la vérité, par l'erreur sans seconde
320 D'un homme qui la cache au commerce du monde,
Mais qui, dans l'ignorance où l'on veut l'asservir,
Fait briller des attraits capables de ravir ;
Un air tout engageant, je ne sais quoi de tendre
Dont il n'est point de cœur qui se puisse défendre.
325 Mais peut-être il n'est pas que vous n'ayez bien vu[2]
Ce jeune astre[3] d'amour de tant d'attraits pourvu :
C'est Agnès qu'on l'appelle.

ARNOLPHE, *à part.*
Ah ! je crève !

HORACE
Pour l'homme,
C'est, je crois, de la Zousse, ou Source, qu'on le nomme ;
Je ne me suis pas fort arrêté sur le nom ;
330 Riche, à ce qu'on m'a dit, mais des plus sensés, non,
Et l'on m'en a parlé comme d'un ridicule[4].
Le connaissez-vous point ?

ARNOLPHE, *à part.*
La fâcheuse pilule !

HORACE
Eh ! vous ne dites mot ?

---

1. *Simple :* simple d'esprit.
2. *Il n'est pas que vous n'ayez bien vu :* vous n'avez pas pu ne pas
apercevoir.
3. *Astre :* expression précieuse.
4. *Ridicule :* adjectif substantivé.

49

ARNOLPHE

Eh ! oui, je le connoi.

HORACE

C'est un fou, n'est-ce pas ?

ARNOLPHE

Eh !...

HORACE

Qu'en dites-vous ? quoi ?

335 Eh ! c'est-à-dire oui. Jaloux à faire rire ?
Sot ? je vois qu'il en est ce que l'on m'a pu dire.
Enfin l'aimable Agnès a su m'assujettir.
C'est un joli bijou, pour ne vous point mentir,
Et ce serait péché qu'une beauté si rare
340 Fût laissée au pouvoir de cet homme bizarre.
Pour moi, tous mes efforts, tous mes vœux les plus doux,
Vont à m'en rendre maître en dépit du jaloux,
Et l'argent que de vous j'emprunte avec franchise[1]
N'est que pour mettre à bout[2] cette juste entreprise.
345 Vous savez mieux que moi, quels que soient nos efforts,
Que l'argent est la clef de tous les grands ressorts,
Et que ce doux métal, qui frappe tant de têtes,
En amour, comme en guerre, avance les conquêtes.
Vous me semblez chagrin ; serait-ce qu'en effet
350 Vous désapprouveriez le dessein que j'ai fait ?

ARNOLPHE

Non, c'est que je songeais...

HORACE

Cet entretien vous lasse.
Adieu ; j'irai chez vous tantôt vous rendre grâce.

ARNOLPHE

Ah ! faut-il...

----

1. *Avec franchise :* sans me gêner.
2. *Mettre à bout :* venir à bout de.

HORACE, *revenant.*
Derechef, veuillez être discret,
Et n'allez pas, de grâce, éventer mon secret.
(Il s'en va.)

ARNOLPHE.
355 Que je sens dans mon âme...

HORACE, *revenant.*
Et surtout à mon père,
Qui s'en ferait peut-être un sujet de colère.

ARNOLPHE, *croyant qu'il revient encore.*
Oh !... Oh ! que j'ai souffert durant cet entretien !
Jamais trouble d'esprit ne fut égal au mien.
Avec quelle imprudence et quelle hâte extrême
360 Il m'est venu conter cette affaire à moi-même !
Bien que mon autre nom le tienne dans l'erreur,
Étourdi montra-t-il jamais tant de fureur[1] ?
Mais, ayant tant souffert, je devais[2] me contraindre
Jusques à m'éclaircir de ce que je dois craindre,
365 A pousser jusqu'au bout son caquet[3] indiscret,
Et savoir pleinement leur commerce secret.
Tâchons à le rejoindre, il n'est pas loin, je pense ;
Tirons-en de ce fait[4] l'entière confidence[5].
Je tremble du malheur qui m'en peut arriver,
370 Et l'on cherche souvent plus qu'on ne veut trouver.

---

1. *Fureur* : folie.
2. *Je devais* : j'aurais dû.
3. *Caquet* : mot dérivé du verbe « caqueter », qui est une onomatopée péjorative ; bavardage.
4. *De ce fait* : de cette affaire.
5. *L'entière confidence* : l'aveu tout entier.

Acte I Scène 4

LE PERSONNAGE D'HORACE

1. Il est plus qu'un simple « blondin » à la mode. Il apparaît comme l'amoureux idéal qui détient la grâce d'aimer et l'art de se faire aimer. Étudiez les divers éléments de son récit de la rencontre avec Agnès.

LE COMIQUE ET L'ACTION

2. Arnolphe oriente la conversation vers la galanterie sans nullement songer que sa curiosité puisse tourner à ses dépens. Montrez comment s'installe et se développe le quiproquo (voir p. 190).
Peut-on dire que toute la « précaution » d'Arnolphe est mise en échec dès la scène 4 de l'acte I ?

3. Une information précieuse : quelle est l'utilité des vers 268 à 271 ?

UNE RÉPÉTITION DE LOUIS JOUVET

4. « Arnolphe lit la lettre, et pendant ce temps Horace pense : il a l'air gentil ce type, et il dit : « Et j'ai présentement besoin de cent pistoles. » Arnolphe les lui accorde sans difficulté. Et le gosse est content. Un type qui à huit heures du matin lui donne cent écus, une bourse magnifique, sans papiers... Le môme le regarde ; il n'a pas l'habitude avec son père des conversations de ce genre [...] Un môme de dix-huit ans qui raconte pour la première fois son amour, il a un ton, une fierté, une tendresse... » Commentez ces indications en vous référant au texte.

5. L'image du blondin trompant un barbon est une situation typique du théâtre de Molière. Pouvez-vous en citer quelques-unes ? Qu'exprime, selon vous, ce « conflit de générations » ?

QUESTIONS SUR L'ENSEMBLE DE L'ACTE I

1. Faites une synthèse des composantes qui font de cet acte le montage d'une « machine infernale » contre Arnolphe.

2. Tous les éléments sont-ils en place à la fin de l'acte I ?

Acte II

SCÈNE PREMIÈRE. ARNOLPHE.

Il m'est, lorsque j'y pense, avantageux, sans doute,
D'avoir perdu mes pas¹ et pu manquer sa route :
Car enfin de mon cœur le trouble impérieux
N'eût pu se renfermer tout entier à ses yeux ;
375 Il eût fait éclater l'ennui² qui me dévore,
Et je ne voudrais pas qu'il sût ce qu'il ignore.
Mais je ne suis pas homme à gober le morceau
Et laisser un champ libre aux vœux du damoiseau³,
J'en veux rompre le cours et sans tarder apprendre
380 Jusqu'où l'intelligence⁴ entre eux a pu s'étendre :
J'y prends, pour mon honneur, un notable intérêt ;
Je la regarde en femme, aux termes qu'elle en est⁵ ;
Elle n'a pu faillir sans me couvrir de honte,
Et tout ce qu'elle a fait enfin est sur mon compte.
385 Éloignement fatal ! Voyage malheureux !
        (Frappant à la porte.)

---

1. *Perdu mes pas :* couru inutilement pour rejoindre Horace.
2. *L'ennui :* le tourment, le désespoir.
3. *Damoiseau :* voir le vers 33.
4. *Intelligence :* entente complice.
5. *Aux termes qu'elle en est :* au point où elle en est.

SCÈNE 2. ALAIN, GEORGETTE, ARNOLPHE.

ALAIN

Ah ! Monsieur, cette fois...

ARNOLPHE

            Paix ! Venez çà[1] tous deux :
Passez là, passez là. Venez là, venez, dis-je.

GEORGETTE

Ah ! vous me faites peur, et tout mon sang se fige.

ARNOLPHE

C'est donc ainsi qu'absent vous m'avez obéi,
390 Et tous deux, de concert, vous m'avez donc trahi ?

GEORGETTE

Eh ! ne me mangez pas, Monsieur, je vous conjure.

ALAIN, *à part.*

Quelque chien enragé l'a mordu, je m'assure[2].

ARNOLPHE

Ouf ! Je ne puis parler, tant je suis prévenu[3],
Je suffoque, et voudrais me pouvoir mettre nu.
395 Vous avez donc souffert, ô canaille[4] maudite !
Qu'un homme soit venu... Tu veux prendre la fuite ?
Il faut que sur-le-champ... Si tu bouges !... Je veux
Que vous me disiez... Euh ! Oui, je veux que tous deux...
Quiconque remuera, par la mort[5] je l'assomme.
400 Comme est-ce que chez moi s'est introduit cet homme ?
Eh ! parlez, dépêchez, vite, promptement, tôt,
Sans rêver. Veut-on dire ?

---

1. *Venez çà :* venez ici ; expression désuète, révélant la génération à laquelle appartient Arnolphe.
2. *Je m'assure :* je suis sûr.
3. *Prévenu :* irrité, préoccupé.
4. *Canaille :* du latin *canis,* chien ; terme très méprisant.
5. *Par la mort :* juron équivalent de « morbleu ».

ALAIN et GEORGETTE, *tombant à genoux.*
Ah ! ah !

GEORGETTE

Le cœur me faut[1] !

ALAIN

Je meurs.

ARNOLPHE

Je suis en eau, prenons un peu d'haleine.
Il faut que je m'évente et que je me promène.
405 Aurais-je deviné, quand je l'ai vu petit,
Qu'il croîtrait pour cela ? Ciel ! que mon cœur pâtit !
Je pense qu'il vaut mieux que de sa propre bouche
Je tire avec douceur l'affaire qui me touche.
Tâchons à modérer notre ressentiment ;
410 Patience, mon cœur, doucement, doucement !
Levez-vous, et, rentrant, faites qu'Agnès descende.
Arrêtez. Sa surprise en deviendrait moins grande ;
Du chagrin[2] qui me trouble ils iraient l'avertir,
Et moi-même je veux l'aller faire sortir.
415 Que l'on m'attende ici.

SCÈNE 3.   ALAIN, GEORGETTE.

GEORGETTE

Mon Dieu, qu'il est terrible !
Ses regards m'ont fait peur, mais une peur horrible,
Et jamais je ne vis un plus hideux chrétien[3].

ALAIN

Ce monsieur l'a fâché, je te le disais bien.

---

1. *Me faut :* me manque.
2. *Chagrin :* irritation, accès de colère.
3. *Chrétien :* homme.

GEORGETTE

Mais que diantre est-ce là qu'avec tant de rudesse
420 Il nous fait au logis garder notre maîtresse ?
D'où vient qu'à tout le monde il veut tant la cacher,
Et qu'il ne saurait voir personne en approcher ?

ALAIN

C'est que cette action le met en jalousie.

GEORGETTE

Mais d'où vient qu'il est pris de cette fantaisie[1] ?

ALAIN

425 Cela vient... cela vient de ce qu'il est jaloux.

GEORGETTE

Oui ; mais pourquoi l'est-il, et pourquoi ce courroux ?

ALAIN

C'est que la jalousie... entends-tu bien, Georgette,
Est une chose... là... qui fait qu'on s'inquiète...
Et qui chasse les gens d'autour d'une maison.
430 Je m'en vais te bailler une comparaison,
Afin de concevoir[2] la chose davantage.
Dis-moi, n'est-il pas vrai, quand tu tiens ton potage,
Que, si quelque affamé venait pour en manger,
Tu serais en colère, et voudrais le charger[3] ?

GEORGETTE

435 Oui, je comprends cela.

ALAIN

C'est justement tout comme.
La femme est en effet le potage[4] de l'homme,
Et, quand un homme voit d'autres hommes parfois
Qui veulent dans sa soupe aller tremper leurs doigts,
Il en montre aussitôt une colère extrême.

---

1. *Fantaisie* : caprice.
2. *Afin de concevoir* : afin que tu comprennes.
3. *Le charger* : l'attaquer.
4. *Potage* : citation de Rabelais, *Tiers Livre*, chap. XII.

GEORGETTE

440 Oui ; mais pourquoi chacun n'en fait-il pas de même,
Et que[1] nous en voyons qui paraissent joyeux
Lorsque leurs femmes sont avec les biaux monsieux[2] ?

ALAIN

C'est que chacun n'a pas cette amitié goulue[3]
Qui n'en veut que pour soi

GEORGETTE

Si je n'ai la berlue[4],
445 Je le vois qui revient.

ALAIN

Tes yeux sont bons, c'est lui.

GEORGETTE

Vois comme il est chagrin[5].

ALAIN

C'est qu'il a de l'ennui.

---

1. *Et que :* rupture de construction.
2. *Biaux monsieux :* prononciation paysanne, passée d'usage à Paris
au XVIIᵉ siècle.
3. *Goulue :* avide.
4. *Si je n'ai la berlue :* si je ne me trompe.
5. *Chagrin :* triste, morose, au sens fort du terme.

Acte II Scènes 1, 2 et 3

LE MONOLOGUE D'ARNOLPHE

1. L'état d'âme d'Arnolphe lorsqu'il apprend qu'Agnès est aimée d'Horace se manifeste dans ce premier monologue.
Le monologue étant plutôt réservé à la tragédie, relevez les éléments syntaxiques et stylistiques qui semblent la parodier : subjonctifs, mots abstraits...
Montrez également le mélange des genres, notamment avec les mots relevant du burlesque trivial (vocabulaire, tournures...).

2. Quelle fonction le monologue a-t-il au début de l'acte II (sc. 1) ?

3. Quel rapport peut-on y voir avec les monologues du théâtre de Corneille ? Citez des exemples de monologues connus de ce dramaturge.

LA COLÈRE D'ARNOLPHE

4. Montrez en vous référant au texte que le comique grotesque de la scène 2 pourrait à tout moment basculer dans la tragédie.

LA JALOUSIE D'ARNOLPHE ET ALAIN

5. La scène 3 est de pur comique. Les serviteurs décrivent la situation et les sentiments d'Arnolphe en les parodiant. À côté du comique évident, les tentatives de définition de la jalousie ne traduisent-elles pas une angoisse profonde, en même temps qu'un désir de s'expliquer de la part d'Alain ? Justifiez votre réponse.

6. Pourquoi le vers 436 a-t-il attiré des critiques dès la première représentation de l'*École des femmes ?* À quoi se trouve finalement réduite la jalousie, par le biais de la métaphore culinaire ? Cherchez, dans le théâtre du XVIIᵉ siècle, d'autres expressions de ce sentiment.

7. Montrez l'ambiguïté des sentiments d'Alain et Georgette vis-à-vis d'Arnolphe. Étudiez notamment l'évolution de la scène, ainsi que le dernier vers (446).

SCÈNE 4. ARNOLPHE, AGNÈS, ALAIN, GEORGETTE.

ARNOLPHE

Un certain Grec[1] disait à l'empereur Auguste
Comme une instruction utile autant que juste,
Que, lorsqu'une aventure en colère nous met,
450 Nous devons avant tout dire notre alphabet,
Afin que dans ce temps la bile se tempère,
Et qu'on ne fasse rien que l'on ne doive faire.
J'ai suivi sa leçon sur le sujet d'Agnès,
Et je la fais venir en ce lieu tout exprès,
455 Sous prétexte d'y faire un tour de promenade[2],
Afin que les soupçons de mon esprit malade
Puissent sur le discours[3] la mettre adroitement
Et, lui sondant le cœur, s'éclaircir doucement.
Venez, Agnès, rentrez.

SCÈNE 5. ARNOLPHE, AGNÈS.

ARNOLPHE
La promenade est belle.

AGNÈS

460 Fort belle.

ARNOLPHE
Le beau jour !

AGNÈS
Fort beau !

---

1. *Un certain Grec* : le philosophe Athénodorus. Anecdote empruntée
à Plutarque (vers 50-125 apr. J.-C.) [*César Auguste,* VII], que Molière
connaissait sans doute par la traduction d'Amyot.
2. *Un tour de promenade* : Arnolphe fait descendre Agnès au jardin.
3. *Le discours* : le sujet.

ARNOLPHE

Quelle nouvelle ?

AGNÈS

Le petit chat est mort.

ARNOLPHE

C'est dommage ; mais quoi ?
Nous sommes tous mortels, et chacun est pour soi.
Lorsque j'étais aux champs, n'a-t-il point fait de pluie ?

AGNÈS

Non.

ARNOLPHE

Vous ennuyait-il[1] ?

AGNÈS

Jamais je ne m'ennuie.

ARNOLPHE

465 Qu'avez-vous fait encor ces neuf ou dix jours-ci ?

AGNÈS

Six chemises, je pense, et six coiffes aussi.

ARNOLPHE, *ayant un peu rêvé.*

Le monde, chère Agnès, est une étrange chose.
Voyez la médisance, et comme chacun cause !
Quelques voisins m'ont dit qu'un jeune homme inconnu
470 Était en mon absence à la maison venu,
Que vous aviez souffert sa vue et ses harangues ;
Mais je n'ai point pris foi[2] sur ces méchantes langues,
Et j'ai voulu gager que c'était faussement...

AGNÈS

Mon Dieu, ne gagez pas, vous perdriez vraiment.

ARNOLPHE

475 Quoi ! c'est la vérité qu'un homme...

---

1. *Vous ennuyait-il :* emploi neutre et impersonnel, « Vous êtes-vous ennuyée ? ».
2. *Je n'ai point pris foi :* je n'ai point ajouté foi, je n'ai pas cru.

AGNÈS

Chose sûre.

Il n'a presque bougé de chez nous, je vous jure.

ARNOLPHE, *à part.*

Cet aveu qu'elle fait avec sincérité
Me marque pour le moins son ingénuité.
(*Haut.*)
Mais il me semble, Agnès, si ma mémoire est bonne,
480 Que j'avais défendu que vous vissiez personne.

AGNÈS

Oui, mais, quand je l'ai vu, vous ignorez pourquoi,
Et vous en auriez fait, sans doute, autant que moi.

ARNOLPHE

Peut-être ; mais enfin contez-moi cette histoire.

AGNÈS

Elle est fort étonnante et difficile à croire.
485 J'étais sur le balcon à travailler au frais,
Lorsque je vis passer sous les arbres d'auprès
Un jeune homme bien fait, qui, rencontrant ma vue,
D'une humble révérence aussitôt me salue :
Moi, pour ne point manquer à la civilité,
490 Je fis la révérence aussi de mon côté.
Soudain, il me refait une autre révérence :
Moi, j'en refais de même une autre en diligence[1] ;
Et, lui d'une troisième aussitôt repartant[2],
D'une troisième aussi j'y repars à l'instant.
495 Il passe, vient, repasse, et toujours de plus belle
Me fait à chaque fois révérence nouvelle ;
Et moi, qui tous ces tours fixement regardais,
Nouvelle révérence aussi je lui rendais :
Tant que, si sur ce point la nuit ne fût venue,
500 Toujours comme cela je me serais tenue,

---

1. *En diligence :* en toute hâte.
2. *Repartant :* répondant sur-le-champ.

Ne voulant point céder, ni recevoir l'ennui[1]
Qu'il me pût estimer moins civile[2] que lui.

ARNOLPHE

Fort bien.

AGNÈS

Le lendemain, étant sur notre porte,
Une vieille m'aborde en parlant de la sorte :
505 « Mon enfant, le bon Dieu puisse-t-il vous bénir,
Et dans tous vos attraits longtemps vous maintenir !
Il ne vous a pas faite une belle personne
Afin de mal user des choses qu'il vous donne,
Et vous devez savoir que vous avez blessé
510 Un cœur qui de s'en plaindre est aujourd'hui forcé. »

ARNOLPHE, à part.

Ah ! suppôt[3] de Satan, exécrable damnée !

AGNÈS

« Moi, j'ai blessé quelqu'un ? fis-je toute étonnée.
— Oui, dit-elle, blessé, mais blessé tout de bon ;
Et c'est l'homme qu'hier vous vîtes du balcon.
515 — Hélas ! qui pourrait, dis-je, en avoir été cause ?
Sur lui, sans y penser, fis-je choir quelque chose ?
— Non, dit-elle, vos yeux ont fait ce coup fatal,
Et c'est de leurs regards qu'est venu tout son mal.
— Hé ! mon Dieu ! ma surprise est, fis-je, sans seconde :
520 Mes yeux ont-ils du mal pour en donner au monde ?
— Oui, fit-elle, vos yeux, pour causer le trépas,
Ma fille, ont un venin que vous ne savez pas :
En un mot, il languit, le pauvre misérable ;
Et s'il faut, poursuivit la vieille charitable,
525 Que votre cruauté lui refuse un secours,
C'est un homme à porter en terre dans deux jours.
— Mon Dieu ! j'en aurais, dis-je, une douleur bien grande.
Mais, pour le secourir, qu'est-ce qu'il me demande ?

---

1. *Ennui* : déplaisir.
2. *Civile* : courtoise.
3. *Suppôt* : aux ordres, serviteur.

Marcel Maréchal (Arnolphe) et Arielle Doazan (Agnès)
dans une mise en scène de Marcel Maréchal,
Théâtre national de Marseille - la Criée, 1989.

— Mon enfant, me dit-elle, il ne veut obtenir
530 Que le bien de vous voir et vous entretenir ;
Vos yeux peuvent, eux seuls, empêcher sa ruine,
Et du mal qu'ils ont fait être la médecine.
— Hélas ! volontiers, dis-je, et, puisqu'il est ainsi,
Il peut tant qu'il voudra me venir voir ici. »

ARNOLPHE, *à part.*

535 Ah ! sorcière maudite, empoisonneuse d'âmes,
Puisse l'enfer payer tes charitables trames[1] !

---

1. *Trames :* machinations.

AGNÈS

Voilà comme il me vit et reçut guérison.
Vous-même[1] à votre avis, n'ai-je pas eu raison,
Et pouvais-je, après tout, avoir la conscience
540 De le laisser mourir faute d'une assistance,
Moi qui compatis tant aux gens qu'on fait souffrir,
Et ne puis, sans pleurer, voir un poulet mourir ?

ARNOLPHE, *bas.*

Tout cela n'est parti que d'une âme innocente,
Et j'en dois accuser mon absence imprudente,
545 Qui sans guide a laissé cette bonté de mœurs
Exposée aux aguets des rusés séducteurs.
Je crains que le pendard, dans ses vœux téméraires,
Un peu plus fort que jeu[2] n'ait poussé les affaires.

AGNÈS

Qu'avez-vous ? Vous grondez, ce me semble, un petit[3] ;
550 Est-ce que c'est mal fait ce que je vous ai dit ?

ARNOLPHE

Non. Mais de cette vue apprenez-moi les suites.
Et comme le jeune homme a passé ses visites.

AGNÈS

Hélas ! si vous saviez comme il était ravi,
Comme il perdit son mal sitôt que je le vi[4],
555 Le présent qu'il m'a fait d'une belle cassette,
Et l'argent qu'en ont eu[5] notre Alain et Georgette,
Vous l'aimeriez sans doute, et diriez comme nous...

ARNOLPHE

Oui, mais que faisait-il étant seul avec vous ?

---

1. *Vous-même :* ellipse pour « Vous-même, dites-moi... ».
2. *Un peu plus fort que jeu :* un peu plus fort que pour un jeu.
3. *Un petit :* un petit peu.
4. *Je le vi :* licence orthographique satisfaisant la rime « pour l'œil »,
ou conformité à l'étymologie latine.
5. *Qu'en ont eu :* qu'ont eu de lui.

64

AGNÈS

Il jurait qu'il m'aimait d'une amour sans seconde,
560 Et me disait des mots les plus gentils du monde,
Des choses que jamais rien ne peut égaler,
Et dont, toutes les fois que je l'entends parler,
La douceur me chatouille et là-dedans remue
Certain je ne sais quoi[1] dont je suis toute émue.

ARNOLPHE, *à part.*

565 Ô fâcheux examen d'un mystère fatal,
Où l'examinateur souffre seul tout le mal !
(À Agnès.)
Outre tous ces discours, toutes ces gentillesses,
Ne vous faisait-il point aussi quelques caresses ?

AGNÈS

Oh tant ! il me prenait et les mains et les bras,
570 Et de me les baiser il n'était jamais las.

ARNOLPHE

Ne vous a-t-il point pris, Agnès, quelqu'autre chose ?
(La voyant interdite.)
Ouf !

AGNÈS

Eh ! il m'a...

ARNOLPHE

Quoi ?

AGNÈS

Pris...

ARNOLPHE

Euh !

AGNÈS

Le...

ARNOLPHE

Plaît-il ?

---

1. *Certain je ne sais quoi :* expression fréquente dans la langue classique, qui exprime le mystère de l'amour.

AGNÈS

Je n'ose,

Et vous vous fâcheriez peut-être contre moi.

ARNOLPHE

Non.

AGNÈS

Si fait[1].

ARNOLPHE

Mon Dieu ! non.

AGNÈS

Jurez donc votre foi.

ARNOLPHE

575 Ma foi, soit.

AGNÈS

Il m'a pris... Vous serez en colère.

ARNOLPHE

Non.

AGNÈS

Si.

ARNOLPHE

Non, non, non, non ! Diantre ! que de mystère !
Qu'est-ce qu'il vous a pris ?

AGNÈS

Il...

ARNOLPHE, *à part.*

Je souffre en damné.

AGNÈS

Il m'a pris le ruban que vous m'aviez donné.
À vous dire le vrai, je n'ai pu m'en défendre.

---

1. *Si fait :* mais si !

ARNOLPHE, *reprenant haleine.*

580 Passe pour le ruban. Mais je voulais apprendre
S'il ne vous a rien fait que vous baiser les bras.

AGNÈS

Comment ! est-ce qu'on fait d'autres choses ?

ARNOLPHE

Non pas.

Mais, pour guérir du mal qu'il dit qui le possède[1],
N'a-t-il point exigé de vous d'autre remède ?

AGNÈS

585 Non. Vous pouvez juger, s'il en eût demandé,
Que pour le secourir j'aurais tout accordé.

ARNOLPHE, *bas, à part.*

Grâce aux bontés du Ciel, j'en suis quitte à bon compte.
Si je retombe plus[2], je veux bien qu'on m'affronte[3].
Chut ! *(Haut.)* De votre innocence, Agnès, c'est un effet ;
590 Je ne vous en dis mot, ce qui s'est fait est fait.
Je sais qu'en vous flattant le galant ne désire
Que de vous abuser, et puis après s'en rire.

AGNÈS

Oh ! point. Il me l'a dit plus de vingt fois à moi.

ARNOLPHE

Ah ! vous ne savez pas ce que c'est que sa foi.
595 Mais enfin apprenez qu'accepter des cassettes
Et de ces beaux blondins écouter les sornettes,
Que se laisser par eux, à force de langueur[4],
Baiser ainsi les mains et chatouiller le cœur,
Est un péché mortel des plus gros qu'il se fasse.

---

1. *Qu'il dit qui le possède :* tour archaïque ; qui le possède, dit-il.
2. *Plus :* une autre fois.
3. *Affronte :* trompe effrontément.
4. *Langueur :* terme du langage amoureux ; affaiblissement physique dont l'amour est la cause.

AGNÈS

600 Un péché, dites-vous ! et la raison, de grâce ?

ARNOLPHE

La raison ? La raison est l'arrêt prononcé
Que par ces actions le Ciel est courroucé.

AGNÈS

Courroucé ? Mais pourquoi faut-il qu'il s'en courrouce ?
C'est une chose, hélas ! si plaisante et si douce !
605 J'admire quelle joie on goûte à tout cela,
Et je ne savais point encor ces choses-là.

— grâce à Arnolphe !

ARNOLPHE

Oui ; c'est un grand plaisir que toutes ces tendresses,
Ces propos si gentils et ces douces caresses ;
Mais il faut le goûter en toute honnêteté,
610 Et qu'en se mariant le crime en soit ôté.

AGNÈS

N'est-ce plus un péché lorsque l'on se marie ?

ARNOLPHE

Non.

AGNÈS

Mariez-moi donc promptement, je vous prie.

ARNOLPHE

Si vous le souhaitez, je le souhaite aussi,
Et pour vous marier on me revoit ici.

malentendu

AGNÈS

615 Est-il possible ?

ARNOLPHE

Oui.

AGNÈS

Que vous me ferez aise !

ARNOLPHE

Oui, je ne doute point que l'hymen ne vous plaise.

AGNÈS

Vous nous voulez nous deux...

68

ARNOLPHE

Rien de plus assuré.

AGNÈS

Que, si cela se fait, je vous caresserai !

ARNOLPHE

Hé ! la chose sera de ma part réciproque.

AGNÈS

620 Je ne reconnais point, pour moi, quand on se moque.
Parlez-vous tout de bon ?

ARNOLPHE

Oui, vous le pourrez voir.

AGNÈS

Nous serons mariés ?

ARNOLPHE

Oui.

AGNÈS

Mais quand ?

ARNOLPHE

Dès ce soir.

AGNÈS, *riant.*

Dès ce soir ?

ARNOLPHE

Dès ce soir. Cela vous fait donc rire ?

AGNÈS

Oui.

ARNOLPHE

Vous voir bien contente est ce que je désire.

AGNÈS

625 Hélas ! que je vous ai grande obligation !
Et qu'avec lui j'aurai de satisfaction !

ARNOLPHE

Avec qui ?

AGNÈS

Avec... Là...

ARNOLPHE

Là... là n'est pas mon compte.
À choisir un mari vous êtes un peu prompte.
C'est un autre en un mot, que je vous tiens tout prêt,
630 Et quant au Monsieur *Là*, je prétends, s'il vous plaît,
Dût le mettre au tombeau le mal dont il vous berce,
Qu'avec lui désormais vous rompiez tout commerce ;
Que, venant au logis[1], pour votre compliment[2]
Vous lui fermiez au nez la porte honnêtement,
635 Et lui jetant, s'il heurte, un grès[3] par la fenêtre,
L'obligiez tout de bon à ne plus y paraître.
M'entendez-vous, Agnès ? Moi, caché dans un coin,
De votre procédé je serai le témoin.

AGNÈS

Las ! il est si bien fait ! C'est...

ARNOLPHE

Ah ! que de langage !

AGNÈS

640 Je n'aurai pas le cœur...

ARNOLPHE

Point de bruit davantage.
Montez là-haut.

AGNÈS

Mais quoi ! voulez-vous...

ARNOLPHE

C'est assez.
Je suis maître, je parle : allez, obéissez[4].

---

1. *Venant au logis :* s'il vient au logis.
2. *Pour votre compliment :* en guise de compliment.
3. *Grès :* caillou.
4. *Je... obéissez :* le vers est la reproduction textuelle d'une réplique de Pompée dans *Sertorius* de Corneille (vers 1867-1868).

Acte II Scènes 4 et 5

LE MONOLOGUE D'ARNOLPHE

1. Ce deuxième monologue d'Arnolphe (sc. 4), écrit dans un style emphatique, revêt la solennité d'un discours moral. Montrez comment, par son mouvement et son vocabulaire, cette tirade peut être comique au théâtre.

2. Comment s'exprime ici la souffrance d'Arnolphe ? Quel en est le vocabulaire ? À quel registre appartient-il essentiellement ?

3. Imaginez le jeu de l'acteur.

4. Quelle est la part de parodie ? Quel genre littéraire est ici pastiché (voir p. 189) ?

LES AVEUX D'AGNÈS

5. Comment s'illustre la naïveté d'Agnès ? Que dénote la réponse d'Agnès : « Le petit chat est mort » (v. 461) ? Comment cette réplique est-elle amenée ? Étudiez-en la versification. Pourquoi est-elle un sujet de concours au Conservatoire ?
La scène 5, la plus longue de la pièce, montre Agnès découvrant l'amour (v. 559-564). Le récit par Agnès de sa rencontre avec Horace est un véritable coup de théâtre qui met en échec toutes les « précautions » d'Arnolphe et l'amène à renforcer son système de défense.

6. Quelle est la construction d'ensemble de la scène 5 ?

7. Analysez la naissance et l'évolution du sentiment amoureux chez Agnès. Pourquoi ne dissimule-t-elle jamais les élans de son cœur ?

8. Dégagez le mouvement du premier récit d'Agnès (v. 484-502). Relevez les tournures syntaxiques (place des pronoms personnels...) et les effets de rythme qui font de cette rencontre un ballet de parade amoureuse.

9. Montrez que le second récit d'Agnès (v. 503-534) relève à la fois du conte et de la comédie d'intrigue. Quel est le rôle du dialogue rapporté ? Quelle est la fonction du récit ?

10. Imaginez le jeu de la comédienne tout au long de la scène 5 et particulièrement sur les vers 484 à 534.

LA QUALITÉ DE L'EXPRESSION

11. Le vers 572 (« Le... ») fut taxé d'impureté par le prince de Conti (voir p. 166), et suscita de vives critiques (voir *la Critique de l'École des femmes*, sc. 3). Comment analysez-vous cette réaction ? Quel est l'effet comique de ce vers ?

QUESTIONS SUR L'ENSEMBLE DE L'ACTE II

1. Analysez les diverses utilisations que fait Molière de l'alexandrin. Étudiez particulièrement les rythmes des dialogues. À quel(s) type(s) de comique correspondent les changements de rythme ? Dans quelles situations ? Quel(s) personnage(s) utilise(nt) les alexandrins les plus classiques ?

2. Étudiez l'évolution d'Agnès depuis le début de la pièce jusqu'à la fin de l'acte II.

3. Faites les portraits d'Alain et de Georgette et recherchez, dans les pièces de Molière que vous connaissez, d'autres personnages de valets ou d'entremetteurs au service d'une intrigue amoureuse.

Acte III

SCÈNE PREMIÈRE. ARNOLPHE, AGNÈS, ALAIN, GEORGETTE.

ARNOLPHE

Oui, tout a bien été, ma joie est sans pareille.
Vous avez là suivi mes ordres à merveille,
645 Confondu de tout point le blondin séducteur :
Et voilà de quoi sert un sage directeur.
Votre innocence, Agnès, avait été surprise :
Voyez, sans y penser, où vous vous étiez mise.
Vous entiliez tout droit, sans mon instruction,
650 Le grand chemin d'enfer et de perdition.
De tous ces damoiseaux on sait trop les coutumes :
Ils ont de beaux canons[1], force rubans et plumes,
Grands cheveux, belles dents et des propos fort doux ;
Mais, comme je vous dis, la griffe est là-dessous,
655 Et ce sont vrais Satans, dont la gueule altérée
De l'honneur féminin cherche à faire curée[2].
Mais, encore une fois, grâce au soin apporté,
Vous en êtes sortie avec honnêteté.
L'air dont je vous ai vu lui jeter cette pierre,
660 Qui de tous ses desseins a mis l'espoir par terre,
Me confirme encor mieux à ne point différer
Les noces où je dis qu'il vous faut préparer.
Mais, avant toute chose, il est bon de vous faire
Quelque petit discours qui vous soit salutaire.
665 Un siège au frais ici.
(À Georgette.)
                              Vous, si jamais en rien...

---

1. *Canons :* ornements de dentelle faisant volant au-dessous du genou, très à la mode.
2. *Faire curée :* dévorer la bête avant l'arrivée du veneur.

GEORGETTE

De toutes vos leçons nous nous souviendrons bien.
Cet autre monsieur-là nous en faisait accroire ;
Mais...

ALAIN

S'il entre jamais, je veux jamais ne boire.
Aussi bien est-ce un sot : il nous a l'autre fois
670 Donné deux écus d'or qui n'étaient pas de poids.

ARNOLPHE

Ayez donc pour souper tout ce que je désire,
Et pour notre contrat, comme je viens de dire,
Faites venir ici, l'un ou l'autre au retour,
Le notaire qui loge au coin de ce carfour[1].

SCÈNE 2. ARNOLPHE, AGNÈS.

ARNOLPHE, *assis.*

675 Agnès, pour m'écouter laissez là votre ouvrage.
Levez un peu la tête et tournez le visage ;
Là[2], regardez-moi là, durant cet entretien.
Et jusqu'au moindre mot imprimez-vous-le bien.
Je vous épouse, Agnès, et cent fois la journée
680 Vous devez bénir l'heur[3] de votre destinée,
Contempler la bassesse[4] où vous avez été,
Et dans le même temps admirer ma bonté
Qui, de ce vil état de pauvre villageoise,
Vous fait monter au rang d'honorable bourgeoise,

---

1. *Carfour :* se disait aussi bien que « carrefour ».
2. *Là :* Arnolphe met le doigt sur son front.
3. *Heur :* bonheur.
4. *Bassesse :* condition sociale basse.

685 Et jouir de la couche et des embrassements
D'un homme qui fuyait tous ces engagements
Et dont à vingt partis fort capables de plaire
Le cœur a refusé l'honneur qu'il vous veut faire.
Vous devez toujours, dis-je, avoir devant les yeux
690 Le peu que vous étiez sans ce nœud glorieux,
Afin que cet objet[1] d'autant mieux vous instruise
À mériter l'état où je vous aurai mise,
À toujours vous connaître, et faire qu'à jamais
Je puisse me louer de l'acte que je fais.
695 Le mariage, Agnès, n'est pas un badinage.
À d'austères devoirs le rang de femme engage,
Et vous n'y montez pas, à ce que je prétends,
Pour être libertine[2] et prendre du bon temps.
Votre sexe n'est là que pour la dépendance :
700 Du côté de la barbe est la toute-puissance.
Bien qu'on soit deux moitiés de la société,
Ces deux moitiés pourtant n'ont point d'égalité :
L'une est moitié suprême, et l'autre subalterne ;
L'une en tout est soumise à l'autre, qui gouverne ;
705 Et ce que le soldat, dans son devoir instruit,
Montre d'obéissance au chef qui le conduit,
Le valet à son maître, un enfant à son père,
À son supérieur le moindre petit frère[3],
N'approche point encor de la docilité,
710 Et de l'obéissance, et de l'humilité,
Et du profond respect, où la femme doit être
Pour son mari, son chef, son seigneur et son maître.
Lorsqu'il jette sur elle un regard sérieux,
Son devoir aussitôt est de baisser les yeux,
715 Et de n'oser jamais le regarder en face
Que quand d'un doux regard il lui veut faire grâce.

---

1. *Objet :* cette idée.
2. *Libertine :* dissipée, volage.
3. *Frère :* frère servant qui s'occupe des travaux subalternes dans les couvents.

C'est ce qu'entendent mal les femmes d'aujourd'hui.
Mais ne vous gâtez pas sur l'exemple d'autrui.
Gardez-vous d'imiter ces coquettes vilaines
720 Dont par toute la ville on chante les fredaines[1]
Et de vous laisser prendre aux assauts du malin[2],
C'est-à-dire d'ouïr aucun jeune blondin.
Songez qu'en vous faisant moitié de ma personne,
C'est mon honneur, Agnès, que je vous abandonne ;
725 Que cet honneur est tendre et se blesse de peu ;
Que sur un tel sujet il ne faut point de jeu,
Et qu'il est aux enfers des chaudières bouillantes
Où l'on plonge à jamais les femmes mal vivantes[3].
Ce que je vous dis là ne sont pas des chansons ;
730 Et vous devez du cœur dévorer ces leçons.
Si votre âme les suit et fuit d'être coquette,
Elle sera toujours comme un lis blanche et nette ;
Mais, s'il faut qu'à l'honneur elle fasse un faux bond[4],
Elle deviendra lors noire comme un charbon ;
735 Vous paraîtrez à tous un objet effroyable,
Et vous irez un jour, vrai partage du diable[5],
Bouillir dans les enfers à toute éternité,
Dont vous veuille[6] garder la céleste bonté.
Faites la révérence. Ainsi qu'une novice[7]
740 Par cœur dans le couvent doit savoir son office[8],
Entrant au mariage, il en faut faire autant :
    (Il se lève.)

---

1. *Fredaines* : écarts de conduite.
2. *Malin* : terme usuel pour désigner Satan, selon la tradition.
3. *Mal vivantes* : de mauvaise vie.
4. *Fasse un faux bond* : porte atteinte en s'écartant du parcours normal.
5. *Vrai partage du diable* : vraie proie du diable.
6. *Dont vous veuille* : subjonctif de prière, « Puisse la céleste bonté vous garder de cela ! ».
7. *Novice* : celle qui vient d'entrer dans un ordre religieux.
8. *Office* : devoir religieux.

Et voici dans ma poche un écrit important
Qui vous enseignera l'office de la femme.
J'en ignore l'auteur, mais c'est quelque bonne âme,
745 Et je veux que ce soit votre unique entretien[1].
Tenez. Voyons un peu si vous le lirez bien.

AGNÈS, *lit.*

LES MAXIMES DU MARIAGE
OU
LES DEVOIRS DE LA FEMME MARIÉE,
Avec son exercice journalier.

Ire MAXIME.

Celle qu'un lien honnête
Fait entrer au lit d'autrui
Doit se mettre dans la tête,
750 Malgré le train d'aujourd'hui,
Que l'homme qui la prend ne la prend que pour lui.

ARNOLPHE

Je vous expliquerai ce que cela veut dire ;
Mais, pour l'heure présente, il ne faut rien que lire.

AGNÈS, *poursuit.*

IIe MAXIME.

Elle ne se doit parer
755 Qu'autant que peut désirer
Le mari qui la possède.
C'est lui que touche seul le soin de sa beauté,
Et pour rien doit être compté
Que les autres la trouvent laide.

IIIe MAXIME

760 Loin ces études d'œillades,
Ces eaux, ces blancs[2], ces pommades,
Et mille ingrédients qui font des teints fleuris !

---

1. *Votre unique entretien* : parodie d'*Horace* de Corneille (vers 1277).
2. *Blancs* : fards à base de blanc de céruse.

À l'honneur tous les jours ce sont drogues mortelles,
Et les soins de paraître belles
765 Se prennent peu pour les maris.

IVe MAXIME.

Sous sa coiffe, en sortant, comme l'honneur l'ordonne,
Il faut que de ses yeux elle étouffe les coups[1] :
Car, pour bien plaire à son époux,
Elle ne doit plaire à personne.

Ve MAXIME.

770 Hors ceux dont au mari la visite se rend,
La bonne règle défend
De recevoir aucune âme.
Ceux qui, de galante humeur,
N'ont affaire qu'à Madame,
775 N'accommodent pas[2] Monsieur.

VIe MAXIME.

Il faut des présents des hommes
Qu'elle se défende bien ;
Car, dans le siècle où nous sommes,
On ne donne rien pour rien.

VIIe MAXIME.

780 Dans ses meubles[3], dût-elle en avoir de l'ennui,
Il ne faut écritoire, encre, papier ni plumes.
Le mari doit, dans les bonnes coutumes,
Écrire tout ce qui s'écrit chez lui.

VIIIe MAXIME.

Ces sociétés déréglées,
785 Qu'on nomme belles assemblées,
Des femmes, tous les jours, corrompent les esprits.
En bonne politique[4], on les doit interdire,
Car c'est là que l'on conspire
Contre les pauvres maris.

---

1. *Coups* : image précieuse désignant l'éclat du regard.
2. *N'accommodent pas* : ne plaisent pas à.
3. *Meubles* : sens général d'objets de la maison.
4. *Bonne politique* : si l'on dirige bien sa maison.

IXᵉ MAXIME.

790 Toute femme qui veut à l'honneur se vouer
Doit se défendre de jouer,
Comme d'une chose funeste :
Car ce jeu fort décevant,
Pousse une femme souvent
795 À jouer de tout son reste.

Xᵉ MAXIME.

Des promenades du temps
Ou repas qu'on donne aux champs,
Il ne faut pas qu'elle essaye.
Selon les prudents cerveaux,
800 Le mari, dans ces cadeaux[1],
Est toujours celui qui paye.

XIᵉ MAXIME...

ARNOLPHE

Vous achèverez seule, et pas à pas[2] tantôt
Je vous expliquerai ces choses comme il faut.
Je me suis souvenu d'une petite affaire ;
805 Je n'ai qu'un mot à dire et ne tarderai guère.
Rentrez, et conservez ce livre chèrement.
Si le notaire vient, qu'il m'attende un moment.

---

1. *Cadeaux* : repas, fête que l'on donne aux dames (*Dictionnaire de l'Académie*, 1694).
2. *Pas à pas* : mot à mot.

Agnès (Isabelle Adjani) lit les Maximes.
Mise en scène de Jean-Paul Roussillon
à la Comédie-Française, 1973.

Acte III Scènes 1 et 2

PENDANT L'ENTRACTE

1. Que nous apprend, du moins en apparence, la scène 1, scène de transition ? Que s'est-il passé pendant l'entracte ?

2. Quel est le ton général utilisé par Arnolphe (sc. 1) ? Dégagez la composition de sa tirade. Analysez de près les métaphores des vers 653-656. Montrez qu'elles jouent sur plusieurs registres.

LES PERSONNAGES

3. La scène 2 illustre les principes qu'Arnolphe a exposés à Chrysalde : tyrannie et maîtrise absolue sur Agnès (il est assis, elle est debout ; il donne un cours magistral qui ne laisse aucun droit de réponse). Étudiez la composition rhétorique de l'ensemble du discours. À quelles situations sociales se réfère Arnolphe pour bien faire comprendre à Agnès ce qu'est le mariage ?

4. Quel est le rôle d'Agnès dans la scène 2 ? Essayez de caractériser sa présence. Quels jeux scéniques peut-on imaginer successivement pour elle ?

LES MAXIMES DU MARIAGE

5. Ces maximes ont pu apparaître comme une parodie des dix commandements. « Le sermon et les maximes ne sont-ils pas des choses ridicules et qui choquent même le respect que l'on doit à nos mystères ? », dit Lysidas dans la Critique de l'École des femmes. Montrez le caractère négatif de ces maximes.

L'ÉDUCATION DES FILLES AU XVIIe SIÈCLE

6. Elle est profondément marquée par la notion de péché originel : Ève est responsable d'avoir corrompu Adam. La femme est un démon tentateur que l'homme doit ignorer, dompter ou corriger. Selon saint Paul, « l'homme n'a pas été tiré de la femme mais la femme de l'homme ; l'homme n'a pas été créé en vue de la femme, mais la femme en vue de l'homme ». Montrez que les idées d'Arnolphe découlent directement de ces conceptions.

SCÈNE 3. ARNOLPHE.

Je ne puis faire mieux que d'en faire ma femme.
Ainsi que je voudrai, je tournerai cette âme :
810 Comme un morceau de cire entre mes mains elle est,
Et je lui puis donner la forme qui me plaît.
Il s'en est peu fallu que, durant mon absence,
On ne m'ait attrapé par son trop d'innocence ;
Mais il vaut beaucoup mieux, à dire vérité,
815 Que la femme qu'on a pèche de ce côté.
De ces sortes d'erreurs le remède est facile :
Toute personne simple aux leçons est docile,
Et, si du bon chemin on l'a fait écarter,
Deux mots incontinent l'y peuvent rejeter.
820 Mais une femme habile[1] est bien une autre bête :
Notre sort ne dépend que de sa seule tête[2].
De ce qu'elle s'y met rien ne la fait gauchir[3],
Et nos enseignements ne font là que blanchir[4].
Son bel esprit lui sert à railler nos maximes,
825 À se faire souvent des vertus de ses crimes,
Et trouver, pour venir à ses coupables fins,
Des détours à duper l'adresse des plus fins.
Pour se parer du coup en vain on se fatigue :
Une femme d'esprit est un diable en intrigue,
830 Et, dès que son caprice a prononcé tout bas
L'arrêt de notre honneur, il faut passer le pas[5].
Beaucoup d'honnêtes gens en pourraient bien que dire[6].
Enfin mon étourdi n'aura pas lieu d'en rire :
Par son trop de caquet il a ce qu'il lui faut.

---

1. *Habile* : intelligente et spirituelle.
2. *De sa seule tête* : de son caprice, de sa décision.
3. *Gauchir* : dévier.
4. *Blanchir* : masquer le mal sans le guérir.
5. *Passer le pas* : sauter le pas, être cocu.
6. *Pourraient bien que dire* : tour elliptique pour « pourraient bien avoir quelque chose à dire ».

835 Voilà de nos Français l'ordinaire défaut.
Dans la possession d'une bonne fortune,
Le secret est toujours ce qui les importune,
Et la vanité sotte a pour eux tant d'appas
Qu'ils se pendraient plutôt que de ne causer pas.
840 Eh ! que les femmes sont du diable bien tentées
Lorsqu'elles vont choisir ces têtes éventées[1],
Et que... Mais le voici, cachons-nous toujours bien,
Et découvrons un peu quel chagrin est le sien.

SCÈNE 4. HORACE, ARNOLPHE.

HORACE

Je reviens de chez vous, et le destin me montre
845 Qu'il n'a pas résolu que je vous y rencontre.
Mais j'irai tant de fois qu'enfin quelque moment...

ARNOLPHE

Hé ! mon Dieu, n'entrons point dans ce vain compliment.
Rien ne me fâche tant que ces cérémonies,
Et, si l'on m'en croyait, elles seraient bannies.
850 C'est un maudit usage, et la plupart des gens
Y perdent sottement les deux tiers de leur temps.
Mettons donc[2], sans façons. Hé bien ! vos amourettes ?
Puis-je, Seigneur Horace, apprendre où vous en êtes ?
J'étais tantôt distrait par quelque vision[3] ;
855 Mais, depuis, là-dessus, j'ai fait réflexion :
De vos premiers progrès j'admire la vitesse,
Et dans l'événement mon âme s'intéresse.

---

1. *Éventées* : écervelées.
2. *Mettons donc* : (... notre chapeau), formule de politesse pour inviter
à se couvrir.
3. *Vision* : idée.

HORACE

Ma foi, depuis qu'à vous s'est découvert mon cœur,
Il est à mon amour arrivé du malheur.

ARNOLPHE

860 Oh ! oh ! comment cela ?

HORACE

                    La fortune cruelle
A ramené des champs le patron de la belle.

ARNOLPHE

Quel malheur !

HORACE

                    Et de plus, à mon très grand regret
Il a su de nous deux le commerce secret.

ARNOLPHE

D'où, diantre ! a-t-il sitôt appris cette aventure ?

HORACE

865 Je ne sais ; mais enfin c'est une chose sûre.
Je pensais aller rendre, à mon heure à peu près,
Ma petite visite à ses jeunes attraits,
Lorsque, changeant pour moi de ton et de visage,
Et servante et valet m'ont bouché le passage,
870 Et d'un : « Retirez-vous, vous nous importunez »,
M'ont assez rudement fermé la porte au nez.

ARNOLPHE

La porte au nez !

HORACE

                    Au nez.

ARNOLPHE

                         La chose est un peu forte.

HORACE

J'ai voulu leur parler au travers de la porte ;
Mais à tous mes propos ce qu'ils m'ont répondu,
875 C'est : « Vous n'entrerez point, Monsieur l'a défendu. »

ARNOLPHE

Ils n'ont donc point ouvert ?

HORACE

Non ; et de la fenêtre
Agnès m'a confirmé le retour de ce maître
En me chassant de là d'un ton plein de fierté,
Accompagné d'un grès que sa main a jeté.

ARNOLPHE

880 Comment, d'un grès ?

HORACE

D'un grès de taille non petite,
Dont on a par ses mains régalé ma visite.

ARNOLPHE

Diantre ! ce ne sont pas des prunes[1] que cela,
Et je trouve fâcheux l'état où vous voilà.

HORACE

Il est vrai, je suis mal par ce retour funeste.

ARNOLPHE

885 Certes j'en suis fâché pour vous, je vous proteste[2].

HORACE

Cet homme me rompt tout.

ARNOLPHE

Oui, mais cela n'est rien,
Et de vous raccrocher vous trouverez moyen.

HORACE

Il faut bien essayer par quelque intelligence[3]
De vaincre du jaloux l'exacte vigilance.

ARNOLPHE

890 Cela vous est facile, et la fille, après tout,
Vous aime ?

HORACE

Assurément.

---

1. *Ce ne sont pas des prunes :* ce n'est pas rien.
2. *Je vous proteste :* je vous assure.
3. *Intelligence :* complicité.

ARNOLPHE

Vous en viendrez à bout.

HORACE

Je l'espère.

ARNOLPHE

Le grès vous a mis en déroute ;
Mais cela ne doit pas vous étonner.

HORACE

Sans doute ;
Et j'ai compris d'abord que mon homme était là,
895 Qui, sans se faire voir, conduisait tout cela.
Mais ce qui m'a surpris, et qui va vous surprendre,
C'est un autre incident que vous allez entendre,
Un trait hardi qu'a fait cette jeune beauté,
Et qu'on n'attendrait point de sa simplicité.
900 Il le faut avouer, l'amour est un grand maître[1].
Ce qu'on ne fut jamais, il nous enseigne à l'être,
Et souvent de nos mœurs l'absolu changement
Devient par ses leçons l'ouvrage d'un moment.
De la nature en nous il force les obstacles,
905 Et ses effets soudains ont de l'air des miracles :
D'un avare à l'instant il fait un libéral,
Un vaillant d'un poltron, un civil d'un brutal ;
Il rend agile à tout l'âme la plus pesante,
Et donne de l'esprit à la plus innocente.
910 Oui, ce dernier miracle éclate dans Agnès,
Car, tranchant avec moi par ces termes exprès[2] :
« Retirez-vous, mon âme aux visites renonce ;
Je sais tous vos discours, et voilà ma réponse »,
Cette pierre, ou ce grès, dont vous vous étonniez,
915 Avec un mot de lettre est tombée à mes pieds ;

---

1. *L'amour est un grand maître :* hémistiche (voir p. 188) qui se trouve dans *la Suite du Menteur* de Corneille (II, 3, vers 595). Il est intéressant de constater que Molière emprunte à Corneille, son rival, la leçon de sa comédie.
2. *Exprès :* justement choisis.

Et j'admire de voir cette lettre ajustée[1]
Avec le sens des mots et la pierre jetée[2].
D'une telle action n'êtes-vous pas surpris ?
L'amour sait-il pas l'art d'aiguiser les esprits ?
920 Et peut-on me nier que ses flammes puissantes
Ne fassent dans un cœur des choses étonnantes[3] ?
Que dites-vous du tour et de ce mot d'écrit ?
Euh ! n'admirez-vous point cette adresse d'esprit ?
Trouvez-vous pas plaisant de voir quel personnage
925 A joué mon jaloux dans tout ce badinage ?
Dites.

ARNOLPHE

Oui, fort plaisant.

HORACE

Riez-en donc un peu.
(Arnolphe rit d'un ris forcé.)
Cet homme gendarmé d'abord contre mon feu,
Qui chez lui se retranche[4] et de grès fait parade,
Comme si j'y voulais entrer par escalade,
930 Qui pour me repousser, dans son bizarre[5] effroi,
Anime du dedans tous ses gens contre moi,
Et qu'abuse à ses yeux, par sa machine[6] même,
Celle qu'il veut tenir dans l'ignorance extrême !
Pour moi, je vous l'avoue, encor que son retour
935 En un grand embarras jette ici mon amour,
Je tiens cela plaisant autant qu'on saurait dire ;
Je ne puis y songer sans de bon cœur en rire ;
Et vous n'en riez pas assez, à mon avis.

ARNOLPHE, *avec un ris forcé.*

Pardonnez-moi, j'en ris tout autant que je puis.

---

1. *Ajustée :* accommodée.
2. *La pierre jetée :* tour latin pour « le jet de la pierre ».
3. *Étonnantes :* stupéfiantes (au sens fort).
4. *Se retranche :* fait de sa maison un retranchement.
5. *Bizarre :* saugrenu.
6. *Machine :* machination.

HORACE

940 Mais il faut qu'en ami je vous montre la lettre.
Tout ce que son cœur sent, sa main a su l'y mettre,
Mais en termes touchants, et tout pleins de bonté,
De tendresse innocente et d'ingénuité ;
De la manière enfin que la pure nature
945 Exprime de l'amour la première blessure.

ARNOLPHE, bas.

Voilà, friponne, à quoi l'écriture te sert,
Et contre mon dessein, l'art t'en fut découvert.

HORACE, lit.

Je veux vous écrire, et je suis bien en peine par où[1] je m'y prendrai. J'ai des pensées que je désirerais que vous sussiez ; mais je ne sais comment faire pour vous les dire, et je me défie de mes paroles. Comme je commence à connaître qu'on m'a toujours tenue dans l'ignorance, j'ai peur de mettre quelque chose qui ne soit pas bien, et d'en dire plus que je ne devrais. En vérité, je ne sais ce que vous m'avez fait, mais je sens que je suis fâchée à mourir de ce qu'on me fait faire contre vous, que j'aurai toutes les peines du monde à me passer de vous, et que je serais bien aise d'être à vous. Peut-être qu'il y a du mal à dire cela ; mais enfin je ne puis m'empêcher de le dire, et je voudrais que cela se pût faire sans qu'il y en eût. On me dit fort que tous les jeunes hommes sont des trompeurs, qu'il ne les faut point écouter, et que tout ce que vous me dites n'est que pour m'abuser ; mais je vous assure que je n'ai pu encore me figurer cela de vous ; et je suis si touchée de vos paroles que je ne saurais croire qu'elles soient menteuses. Dites-moi franchement ce qui en est : car enfin, comme je suis sans malice[2], vous auriez le plus grand tort du monde si vous me trompiez, et je pense que j'en mourrais de déplaisir[3].

---

1. Par où : de savoir par où (latinisme).
2. Malice : inclination à mal faire.
3. Déplaisir : chagrin violent, désespoir.

Jean Le Poulain (Arnolphe) et Gérard Giroudon (Horace)
dans une mise en scène de Jacques Rosner
à la Comédie-Française, 1983.

ARNOLPHE, à part.

Hon ! chienne !

HORACE
Qu'avez-vous ?

ARNOLPHE
Moi ? rien ; c'est que je tousse.

HORACE

Avez-vous jamais vu d'expression plus douce ?
950 Malgré les soins maudits d'un injuste pouvoir,
Un plus beau naturel peut-il se faire voir ?
Et n'est ce pas sans doute un crime punissable
De gâter méchamment ce fonds d'âme admirable,
D'avoir dans l'ignorance et la stupidité
955 Voulu de cet esprit étouffer la clarté ?
L'amour a commencé d'en déchirer le voile

89

Et si, par la faveur de quelque bonne étoile,
Je puis, comme j'espère, à ce franc animal,
Ce traître, ce bourreau, ce faquin[1], ce brutal...

ARNOLPHE

960 Adieu.

HORACE

Comment ! si vite ?

ARNOLPHE

Il m'est dans la pensée
Venu tout maintenant[2] une affaire pressée.

HORACE

Mais ne sauriez-vous point, comme on la tient de près,
Qui dans cette maison pourrait avoir accès ?
J'en use sans scrupule, et ce n'est pas merveille[3]
965 Qu'on se puisse entre amis servir à la pareille[4] ;
Je n'ai plus là dedans que gens pour m'observer,
Et servante et valet, que je viens de trouver,
N'ont jamais, de quelque air que je m'y sois pu prendre,
Adouci leur rudesse à me vouloir entendre.
970 J'avais pour de tels coups certaine vieille en main,
D'un génie[5], à vrai dire, au-dessus de l'humain.
Elle m'a dans l'abord[6] servi de bonne sorte,
Mais depuis quatre jours la pauvre femme est morte.
Ne me pourriez-vous point ouvrir quelque moyen ?

ARNOLPHE

975 Non vraiment, et sans moi vous en trouverez bien.

HORACE

Adieu donc. Vous voyez ce que je vous confie.

---

1. *Faquin :* homme de rien.
2. *Tout maintenant :* à l'instant même (à rapprocher de « tout à l'heure »).
3. *Ce n'est pas merveille :* ce n'est pas étonnant si...
4. *À la pareille :* à charge de revanche.
5. *Génie :* talent naturel.
6. *Dans l'abord :* tout d'abord.

SCÈNE 5. ARNOLPHE.

Comme il faut devant lui que je me mortifie[1] !
Quelle peine à cacher mon déplaisir cuisant !
Quoi ! pour une innocente, un esprit si présent[2] !
980 Elle a feint d'être telle à mes yeux, la traîtresse,
Ou le diable à son âme a soufflé cette adresse.
Enfin me voilà mort par ce funeste écrit.
Je vois qu'il a, le traître, empaumé[3] son esprit,
Qu'à ma suppression[4] il s'est ancré[5] chez elle,
985 Et c'est mon désespoir et ma peine mortelle.
Je souffre doublement dans le vol de son cœur,
Et l'amour y pâtit aussi bien que l'honneur.
J'enrage de trouver cette place usurpée,
Et j'enrage de voir ma prudence trompée.
990 Je sais que pour punir son amour libertin
Je n'ai qu'à laisser faire à son mauvais destin,
Que je serai vengé d'elle par elle-même ;
Mais il est bien fâcheux de perdre ce qu'on aime.
Ciel ! puisque pour un choix j'ai tant philosophé[6],
995 Faut-il de ses appas m'être si fort coiffé[7] !
Elle n'a ni parents, ni support[8], ni richesse ;
Elle trahit mes soins, mes bontés, ma tendresse ;
Et cependant je l'aime, après ce lâche tour,

---

1. *Je me mortifie* : je m'impose de souffrir en silence.
2. *Présent* : vif, qui réagit efficacement.
3. *Qu'il a... empaumé* : qu'il s'est rendu maître de ; « empaumer une balle », bien la saisir.
4. *Qu'à ma suppression* : que pour me supplanter.
5. *Ancré* : s'est installé solidement, comme un navire qui a jeté l'ancre.
6. *Philosophé* : réfléchi, raisonné.
7. *Coiffé* : épris, entiché.
8. *Support* : soutien.

Jusqu'à ne me pouvoir passer de cet amour.
1000 Sot, n'as-tu point de honte ? Ah ! je crève, j'enrage
Et je souffletterais mille fois mon visage.
Je veux entrer un peu, mais seulement pour voir
Quelle est sa contenance après un trait si noir.
Ciel ! faites que mon front soit exempt de disgrâce,
1005 Ou bien, s'il est écrit qu'il faille que j'y[1] passe,
Donnez-moi, tout au moins, pour de tels accidents,
La constance[2] qu'on voit à de certaines gens.

---

1. *Y* : par l'état de cocu.
2. *Constance* : force d'âme.

Acte III Scènes 3, 4 et 5

LE DISCOURS D'ARNOLPHE

1. Le troisième monologue d'Arnolphe (scène 3) approfondit la connaissance que nous avons du personnage. Quels sont les nouveaux traits de caractère (et les nouveaux fantasmes) que nous découvrons chez lui ?
Distinguez les divers éléments, la composition et le ton de ce discours. Comment se traduit le délire de la toute-puissance ?

2. Distinguez, dans les critiques que fait Arnolphe à propos des femmes, celles qui lui sont propres et celles qui appartiennent à la tradition. Certaines ont-elles encore cours aujourd'hui ?

3. Que met en relief la scène 4 ? Étudiez sa composition. Qu'a-t-elle d'efficace dans l'expression du comique ?

4. Le spectateur assiste (scène 5) à un retournement de situation comparable à la « catastrophe » d'une tragédie. Dégagez, en étudiant avec précision la composition de ce nouveau discours, les divers éléments du désarroi d'Arnolphe. Opposez le ton de ce monologue à celui de la scène 3 : est il simplement antithétique ?
Comment se renforce le sentiment de solitude éprouvé par Arnolphe ? Quel est le motif de son obsession quasi pathologique ?

5. Repérez aussi précisément que possible les diverses métaphores (voir p. 189) dans le langage d'Arnolphe.

6. Quelle découverte nouvelle semble-t-il faire (v. 993 et suivants) ?

LE RÉCIT DANS LE THÉÂTRE

7. Comparez le vers 896 (III, 4) au vers 484 (II, 5).
Quels échos font-ils naître ? Pourquoi Molière a-t-il créé une analogie entre eux ?

8. *L'École des femmes* a la particularité de multiplier les récits. L'action se passe moins sur la scène que dans les coulisses. Elle se déroule donc hors de la portée d'Arnolphe ; invisible, elle peut prendre, de son point de vue, la forme d'un complot. De

quelle façon les récits démentent-ils les projets personnels d'Arnolphe ?

9. L'impuissance du personnage comique face au destin ou à l'adversité ressemble-t-elle à celle du personnage tragique ? Développez votre réflexion sur ce sujet en citant des exemples.

LA LETTRE D'AGNÈS

10. Quels sont les problèmes de vraisemblance que pose la lettre d'Agnès ?

11. Commentez le vers 900 en le rapprochant du titre de la pièce. Quelle conception de l'amour Molière semble-t-il exprimer ? À quel air d'opéra, tiré d'une nouvelle de Mérimée, vous fait penser ce vers ?

12. Comment la pudeur et la vérité du cœur se combattent-elles dans cette lettre ? Quels sont les « effets de naïveté » que Molière s'applique à créer pour écrire une lettre de jeune fille ? Citez quelques phrases.

QUESTIONS SUR L'ENSEMBLE DE L'ACTE III

1. Au début de l'acte III, Arnolphe est satisfait (Agnès lui a obéi, le mariage est imminent). Comment met-il à profit le rapport de force en sa faveur ? dans quelle scène ?

2. Cette scène où Arnolphe affirme apparemment sa domination, n'est-elle pas en réalité l'annonce d'une rupture de l'équilibre (instable) entre les personnages ? Repérez-en les signes.

3. Comment l'acte est-il construit ? Notez l'alternance des monologues, des dialogues, des récits, etc. Pouvez-vous relever des parallélismes, des oppositions ?
Si vous deviez traduire par des courbes le pouvoir réel de chacun des personnages principaux présents dans cet acte, quelle évolution ces courbes traduiraient-elles ? Comparez avec la situation de l'acte I.

4. À votre avis, quelle peut être la fonction de l'acte III dans une comédie en vers ? S'agit-il d'une simple évolution linéaire ou l'acte III crée-t-il une nouvelle situation, de nouveaux rapports entre les personnages, une nouvelle distribution des rôles ? Justifiez votre réponse.

Acte IV

SCÈNE PREMIÈRE. ARNOLPHE.

J'ai peine, je l'avoue, à demeurer en place,
Et de mille soucis mon esprit s'embarrasse
1010 Pour pouvoir mettre un ordre et dedans et dehors
Qui du godelureau[1] rompe tous les efforts.
De quel œil la traîtresse a soutenu ma vue !
De tout ce qu'elle a fait elle n'est point émue,
Et, bien qu'elle me mette à deux doigts du trépas,
1015 On dirait, à la voir, qu'elle n'y touche pas[2].
Plus en la regardant je la voyais tranquille,
Plus je sentais en moi s'échauffer une bile[3] ;
Et ces bouillants transports dont s'enflammait mon cœur
Y semblaient redoubler mon amoureuse ardeur.
1020 J'étais aigri, fâché, désespéré contre elle,
Et cependant jamais je ne la vis si belle,
Jamais ses yeux aux miens n'ont paru si perçants,
Jamais je n'eus pour eux des désirs si pressants,
Et je sens là dedans[4] qu'il faudra que je crève
1025 Si de mon triste sort la disgrâce s'achève.
Quoi ! j'aurai dirigé son éducation
Avec tant de tendresse et de précaution,
Je l'aurai fait passer chez moi dès son enfance,
Et j'en aurai chéri la plus tendre espérance,

---

1. *Godelureau* : jeune homme qui fait le joli cœur.
2. *Qu'elle n'y touche pas* : qu'elle est une innocente.
3. *S'échauffer une bile* : monter la colère.
4. *Là dedans* : Arnolphe fait allusion à son cœur, à son corps tout entiers envahis d'émotions et de désirs qu'il ose enfin s'avouer sous le coup de l'émotion.

1030 Mon cœur aura bâti[1] sur ses attraits naissants,
Et cru la mitonner[2] pour moi durant treize ans,
Afin qu'un jeune fou dont elle s'amourache
Me la vienne enlever jusque sur la moustache[3],
Lorsqu'elle est avec moi mariée à demi ?
1035 Non, parbleu ! non, parbleu ! petit sot, mon ami,
Vous aurez beau tourner, ou j'y perdrai mes peines,
Ou je rendrai, ma foi, vos espérances vaines,
Et de moi tout à fait vous ne vous rirez point.

SCÈNE 2. LE NOTAIRE, ARNOLPHE.

LE NOTAIRE

Ah ! le voilà ! Bonjour : me voici tout à point[4]
1040 Pour dresser le contrat que vous souhaitez faire.

ARNOLPHE, *sans le voir.*

Comment faire ?

LE NOTAIRE

Il le faut dans la forme ordinaire.

ARNOLPHE, *sans le voir.*

À mes précautions je veux songer de près.

LE NOTAIRE

Je ne passerai[5] rien contre vos intérêts.

---

1. *Bâti* : sans complément d'objet ; au figuré : compter sur, fonder des projets.
2. *Mitonner* : prendre grand soin de.
3. *Sur la moustache* : même sens que « à ma barbe ».
4. *Tout à point* : au bon moment.
5. *Ne passerai rien* : ne ferai rien figurer sur un acte.

ARNOLPHE, *sans le voir*.
Il se faut garantir de toutes les surprises.

LE NOTAIRE
1045 Suffit qu'entre mes mains vos affaires soient mises.
Il ne vous faudra point, de peur d'être déçu,
Quittancer[1] le contrat que vous n'ayez reçu.

ARNOLPHE, *sans le voir*.
J'ai peur, si je vais faire éclater quelque chose,
Que de cet incident par la ville on ne cause.

LE NOTAIRE
1050 Eh bien, il est aisé d'empêcher cet éclat,
Et l'on peut en secret faire votre contrat.

ARNOLPHE, *sans le voir*.
Mais comment faudra-t-il qu'avec elle j'en sorte ?

LE NOTAIRE
Le douaire[2] se règle au bien qu'on vous apporte.

ARNOLPHE, *sans le voir*.
Je l'aime, et cet amour est mon grand embarras.

LE NOTAIRE
1055 On peut avantager une femme, en ce cas.

ARNOLPHE, *sans le voir*.
Quel traitement lui faire en pareille aventure ?

LE NOTAIRE
L'ordre est que le futur doit douer[3] la future
Du tiers du dot[4] qu'elle a ; mais cet ordre n'est rien,
Et l'on va plus avant lorsque l'on le veut bien.

ARNOLPHE, *sans le voir*.
1060 Si...

---

1. *Quittancer :* donner quittance.
2. *Douaire :* dot.
3. *Douer :* doublet de « doter ».
4. *Dot :* parfois au masculin, à l'époque.

LE NOTAIRE *(Arnolphe l'apercevant.)*
Pour le préciput[1], il les regarde ensemble.
Je dis que le futur peut, comme bon lui semble,
Douer la future.

ARNOLPHE

Eh !

LE NOTAIRE
Il peut l'avantager
Lorsqu'il l'aime beaucoup et qu'il veut l'obliger,
Et cela par douaire, ou préfix[2], qu'on appelle,
1065 Qui demeure perdu par le trépas d'icelle[3] ;
Ou sans retour, qui va de ladite à ses hoirs[4] ;
Ou coutumier[5], selon les différents vouloirs ;
Ou par donation dans le contrat formelle,
Qu'on fait ou pure et simple[6], ou qu'on fait mutuelle[7].
1070 Pourquoi hausser le dos ? Est-ce qu'on parle en fat,
Et que l'on ne sait pas les formes d'un contrat ?
Qui me les apprendra ? Personne, je présume.
Sais-je pas qu'étant joints[8] on est par la coutume,
Communs en meubles, biens, immeubles et conquets[9],
1075 À moins que par un acte on y renonce exprès ?
Sais-je pas que le tiers du bien de la future
Entre en communauté, pour...

ARNOLPHE
Oui, c'est chose sûre,

---

1. *Préciput* : droit reconnu à une personne (notamment à l'un des époux, en cas de décès du conjoint) de prélever, avant tout partage, une somme d'argent sur certains biens de la masse à partager.
2. *Préfix* : douaire constitué par une somme fixée par le contrat de mariage.
3. *Icelle* : celle-ci.
4. *Hoirs* : héritiers (vocabulaire juridique).
5. *Coutumier* : établi par le droit coutumier.
6. *Pure et simple* : en faveur d'un seul conjoint.
7. *Mutuelle* : en faveur du survivant.
8. *Joints* : pluriel se rapportant à *on* par syllepse.
9. *Conquets* : acquêts de la communauté.

Vous savez tout cela ; mais qui vous en dit mot ?

LE NOTAIRE

Vous, qui me prétendez faire passer pour sot,
1080 En me haussant l'épaule et faisant la grimace.

ARNOLPHE

La peste soit fait l'homme[1], et sa chienne de face !
Adieu : c'est le moyen de vous faire finir.

LE NOTAIRE

Pour dresser un contrat m'a-t-on pas fait venir ?

ARNOLPHE

Oui, je vous ai mandé ; mais la chose est remise,
1085 Et l'on vous mandera quand l'heure sera prise.
Voyez quel diable d'homme avec son entretien !

LE NOTAIRE

Je pense qu'il en tient[2], et je crois penser bien.

SCÈNE 3. LE NOTAIRE, ALAIN, GEORGETTE, ARNOLPHE.

LE NOTAIRE

M'êtes-vous pas venu quérir pour votre maître ?

ALAIN

Oui.

LE NOTAIRE

J'ignore pour qui vous le pouvez connaître,
1090 Mais allez de ma part lui dire de ce pas
Que c'est un fou fieffé.

GEORGETTE

Nous n'y manquerons pas.

---

1. *La peste soit fait l'homme :* la peste soit de l'homme.
2. *Je pense qu'il en tient :* je pense qu'il a un grain (familier).

Acte IV Scènes 1, 2 et 3

ARNOLPHE DE NOUVEAU SEUL EN SCÈNE

1. Ce cinquième monologue d'Arnolphe (sc. 1) prolonge et approfondit le précédent. Que nous apprend-il des événements survenus pendant l'entracte ? Montrez par des exemples précis comment Arnolphe perd pied. Étudiez les parts respectives de l'amour-propre et de l'amour d'Agnès dans les paroles d'Arnolphe. Repérez les signes qui trahissent chez lui l'accentuation de sa douleur (III, 5).

2. L'amour peut-il « être un grand maître » pour Arnolphe ?

3. La comédie laisse-t-elle au personnage « comique » la liberté de se transformer ? Montrez, de ce point de vue, comment les divers registres métaphoriques utilisés par Arnolphe l'emprisonnent quelque peu.

4. La farce et le tragique pourraient-ils se côtoyer dans cette scène ? Essayez de l'analyser à partir d'exemples précis.

UN MOMENT DE DÉTENTE, LA FARCE DU NOTAIRE

5. Dégagez le comique de situation dans la composition de la scène 2. Comment peut-il être rendu très efficace par la mise en scène ?

6. Quel est l'effet du jargon juridique ? Comment renforce-t-il l'isolement d'Arnolphe ?

7. De quel ordre apparaissent les projets d'Arnolphe ? Que souhaite-t-il, selon vous ?

8. Selon Bergson *(le Rire),* l'une des sources du comique vient « du mécanique plaqué sur du vivant ». Montrez comment cette théorie peut s'appliquer dans les scènes 2 et 3.

SCÈNE 4. ALAIN, GEORGETTE, ARNOLPHE.

ALAIN

Monsieur...

ARNOLPHE

       Approchez-vous ; vous êtes mes fidèles,
Mes bons, mes vrais amis, et j'en sais des nouvelles.

ALAIN

Le notaire...

ARNOLPHE

       Laissons, c'est pour quelqu'autre jour.
1095 On veut à mon honneur jouer d'un mauvais tour[1] ;
Et quel affront pour vous, mes enfants, pourrait-ce être,
Si l'on avait ôté l'honneur à votre maître !
Vous n'oseriez après paraître en nul endroit,
Et chacun, vous voyant, vous montrerait au doigt.
1100 Donc, puisqu'autant que moi l'affaire vous regarde,
Il faut de votre part faire une telle garde
Que ce galant ne puisse en aucune façon...

GEORGETTE

Vous nous avez tantôt montré notre leçon.

ARNOLPHE

Mais à ces beaux discours gardez bien de vous rendre.

ALAIN

1105 Oh ! vraiment...

GEORGETTE

       Nous savons comme il faut s'en défendre.

ARNOLPHE, à Alain.

S'il venait doucement : « Alain, mon pauvre cœur,
Par un peu de secours soulage ma langueur. »

---

1. *Jouer d'un mauvais tour* : jouer un mauvais tour à (mon honneur).

ALAIN

« Vous êtes un sot. »

ARNOLPHE, *à Georgette.*

Bon ! « Georgette, ma mignonne,
Tu me parais si douce et si bonne personne. »

GEORGETTE

1110 « Vous êtes un nigaud. »

ARNOLPHE, *à Alain.*

Bon ! « Quel mal trouves-tu
Dans un dessein honnête et tout plein de vertu ? »

ALAIN

« Vous êtes un fripon. »

ARNOLPHE, *à Georgette.*

Fort bien. « Ma mort est sûre
Si tu ne prends pitié des peines que j'endure. »

Guy Michel (Alain), Jean Le Poulain (Arnolphe)
et Georgette (Paule Noëlle).
Mise en scène de Jacques Rosner. Comédie-Française, 1983.

GEORGETTE

« Vous êtes un benêt, un impudent. »

ARNOLPHE

Fort bien.

1115 « Je ne suis pas un homme à vouloir rien pour rien,
Je sais quand on me sert en garder la mémoire :
Cependant par avance, Alain, voilà pour boire,
Et voilà pour t'avoir, Georgette, un cotillon[1].
(Ils tendent tous deux la main, et prennent l'argent.)
Ce n'est de mes bienfaits qu'un simple échantillon.
1120 Toute la courtoisie[2], enfin, dont je vous presse,
C'est que je puisse voir votre belle maîtresse. »

GEORGETTE, *le poussant.*

« À d'autres ! »

ARNOLPHE

Bon, cela !

ALAIN, *le poussant.*

« Hors d'ici ! »

ARNOLPHE

Bon !

GEORGETTE, *le poussant.*

« Mais tôt ! »

ARNOLPHE

Bon ! Holà ! c'est assez.

GEORGETTE

Fais-je pas comme il faut ?

ALAIN

Est-ce de la façon que vous voulez l'entendre ?

ARNOLPHE

1125 Oui, fort bien, hors l'argent, qu'il ne fallait pas prendre.

---

1. *Cotillon :* jupon des paysannes.
2. *Courtoisie :* le bon office, le service.

GEORGETTE

Nous ne nous sommes pas souvenus de ce point.

ALAIN

Voulez-vous qu'à l'instant nous recommencions ?

ARNOLPHE

Point.

Suffit, rentrez tous deux.

ALAIN

Vous n'avez rien qu'à dire[1].

ARNOLPHE

Non, vous dis-je, rentrez, puisque je le désire.
1130 Je vous laisse l'argent ; allez, je vous rejoins.
Ayez bien l'œil à tout, et secondez mes soins.

SCÈNE 5. ARNOLPHE.

Je veux pour espion qui soit d'exacte vue
Prendre le savetier du coin de notre rue.
Dans la maison toujours je prétends la tenir,
1135 Y faire bonne garde, et surtout en bannir
Vendeuses de rubans, perruquières[2], coiffeuses,
Faiseuses de mouchoirs, gantières, revendeuses,
Tous ces gens qui sous main travaillent chaque jour
À faire réussir les mystères d'amour.
1140 Enfin j'ai vu le monde, et j'en sais les finesses.
Il faudra que mon homme ait de grandes adresses
Si message ou poulet de sa part peut entrer.

---

1. *Vous ... dire :* dites seulement un mot, et vous serez obéi.
2. *Perruquières :* fabricantes ou marchandes de perruques.

Acte IV Scènes 4 et 5

LE TACTICIEN

1. La scène 4 peut ressembler à une parodie de mise en scène. Arnolphe dirigeant Alain et Georgette n'est pas sans évoquer Molière dirigeant ses comédiens : « Ah, les étranges animaux à conduire que des comédiens », dit-il dans la scène 1 de l'Impromptu de Versailles. Étudiez les divers procédés de comique utilisés ici par Molière : le mime d'Arnolphe ; les insultes déguisées d'Alain et de Georgette ; le comique de gestes et de situation.

2. Montrez, par des exemples précis, que la balourdise de Georgette et d'Alain pourrait bien n'être que feinte.

3. Arnolphe ferait-il un bon metteur en scène ? Pourquoi ?

LE STRATÈGE À L'ŒUVRE

4. Le monologue d'Arnolphe (scène 5) souligne la solitude du personnage comique. L'opposition d'Arnolphe à tous les autres personnages donne à la pièce la figure d'un combat, version burlesque du duel héroïque ou de la bataille guerrière.
Précisez le ton et la composition de cette tirade. En quoi consiste son comique ?

5. Montrez comment Arnolphe révèle peu à peu, sous l'emprise des événements, un véritable sentiment de la persécution. Par quoi se traduit-il ? Relevez les signes de cette paranoïa croissante (accumulations de mots, rythme des phrases, etc.).
Imaginez les gestes et les mimiques d'Arnolphe.

SCÈNE 6. HORACE, ARNOLPHE.

HORACE

La place m'est heureuse à vous y rencontrer.
Je viens de l'échapper bien belle, je vous jure.
1145 Au sortir d'avec vous, sans prévoir l'aventure,
Seule dans son balcon, j'ai vu paraître Agnès,
Qui des arbres prochains prenait un peu le frais.
Après m'avoir fait signe, elle a su faire en sorte,
Descendant au jardin, de m'en ouvrir la porte ;
1150 Mais à peine tous deux dans sa chambre étions-nous
Qu'elle a sur les degrés[1] entendu son jaloux ;
Et tout ce qu'elle a pu, dans un tel accessoire[2],
C'est de me renfermer dans une grande armoire.
Il est entré : d'abord je ne le voyais pas,
1155 Mais je l'oyais[3] marcher, sans rien dire, à grands pas,
Poussant de temps en temps des soupirs pitoyables,
Et donnant quelquefois de grands coups sur les tables ;
Frappant un petit chien qui pour lui s'émouvait[4],
Et jetant brusquement les hardes[5] qu'il trouvait ;
1160 Il a même cassé, d'une main mutinée[6],
Des vases dont la belle ornait sa cheminée.
Et sans doute il faut bien qu'à ce becque cornu[7]
Du trait qu'elle a joué quelque jour soit venu.
Enfin, après cent tours, ayant de la manière
1165 Sur ce qui n'en peut mais[8] déchargé sa colère,

---

1. *Degrés :* marches de l'escalier.
2. *Accessoire :* circonstance fâcheuse.
3. *Oyais :* imparfait de « ouïr ».
4. *S'émouvait :* s'agitait autour de lui.
5. *Hardes :* vêtements.
6. *Mutinée :* irritée.
7. *Becque cornu :* (de l'italien *becco cornuto*, bouc cornu) sot, imbécile, homme trompé par sa femme.
8. *Sur ce qui n'en peut mais :* sur ce qui n'est pas responsable.

Mon jaloux, inquiet, sans dire son ennui,
Est sorti de la chambre, et moi de mon étui ;
Nous n'avons point voulu, de peur du personnage,
Risquer à nous tenir ensemble davantage ;
1170 C'était trop hasarder ; mais je dois, cette nuit,
Dans sa chambre un peu tard m'introduire sans bruit :
En toussant par trois fois je me ferai connaître,
Et je dois au signal voir ouvrir la fenêtre,
Dont, avec une échelle, et secondé d'Agnès,
1175 Mon amour tâchera de me gagner l'accès.
Comme à mon seul ami je veux bien vous l'apprendre.
L'allégresse du cœur s'augmente à la répandre,
Et, goûtât-on cent fois un bonheur trop parfait,
On n'en est pas content si quelqu'un ne le sait.
1180 Vous prendrez part, je pense, à l'heur de mes affaires.
Adieu, je vais songer aux choses nécessaires.

SCÈNE 7. ARNOLPHE.

Quoi ! l'astre[1] qui s'obstine à me désespérer
Ne me donnera pas le temps de respirer !
Coup sur coup je verrai par leur intelligence
1185 De mes soins vigilants confondre la prudence !
Et je serai là dupe, en ma maturité,
D'une jeune innocente et d'un jeune éventé !
En sage philosophe on m'a vu vingt années
Contempler des maris les tristes destinées,
1190 Et m'instruire avec soin de tous les accidents
Qui font dans le malheur tomber les plus prudents ;
Des disgrâces[2] d'autrui profitant dans mon âme,

---

1. *L'astre :* Arnolphe accuse un mauvais destin, une mauvaise étoile.
2. *Disgrâces :* infortunes conjugales.

J'ai cherché les moyens, voulant prendre une femme,
De pouvoir garantir mon front de tous affronts,
1195 Et le tirer de pair d'avec[1] les autres fronts :
Pour ce noble dessein j'ai cru mettre en pratique
Tout ce que peut trouver l'humaine politique[2] ;
Et, comme si du sort il était arrêté
Que nul homme ici-bas n'en serait exempt,
1200 Après l'expérience et toutes les lumières
Que j'ai pu m'acquérir sur de telles matières,
Après vingt ans et plus de méditation
Pour me conduire en tout avec précaution,
De tant d'autres maris j'aurais quitté la trace,
1205 Pour me trouver après dans la même disgrâce !
Ah ! bourreau de destin, vous en aurez menti !
De l'objet qu'on poursuit je suis encor nanti[3].
Si son cœur m'est volé par ce blondin funeste,
J'empêcherai du moins qu'on s'empare du reste[4],
1210 Et cette nuit qu'on prend pour ce galant exploit
Ne se passera pas si doucement qu'on croit.
Ce m'est quelque plaisir, parmi tant de tristesse,
Que l'on me donne avis du piège qu'on me dresse,
Et que cet étourdi, qui veut m'être fatal,
1215 Fasse son confident de son propre rival.

---

1. *Tirer de pair d'avec :* empêcher sa ressemblance avec.
2. *L'humaine politique :* sagesse d'un homme réfléchi.
3. *Nanti :* en possession de (terme de droit).
4. *Du reste :* du reste de sa personne, avec une nuance de paillardise vulgaire.

Acte IV Scènes 6 et 7

L'ÉVOLUTION D'AGNÈS

1. Récapitulez, en vous appuyant sur des références au texte, les différentes « étapes » franchies par Agnès depuis le début de la pièce.

Plus les précautions d'Arnolphe se multiplient, plus se manifeste la hardiesse d'Agnès. Cette scène fait écho à la scène 4 de l'acte III. Comment Molière introduit-il la variété dans le procédé de répétition ? Montrez qu'Arnolphe réagit de façon de plus en plus répressive à l'autonomie croissante d'Agnès.

2. Molière peut-il poursuivre indéfiniment cette escalade ? Étudiez de ce point de vue le « tempo » dramatique et ses variations.

L'EFFICACITÉ DU RÉCIT

3. La scène 6 est une fois de plus un récit ; elle est pourtant très théâtrale. À l'aide des deux citations suivantes, montrez l'intérêt d'un récit par rapport à une représentation directe des faits évoqués.

« ... Les récits eux-mêmes y sont des actions, suivant la constitution du sujet ; d'autant qu'ils sont tous faits innocemment, ces récits, à la personne intéressée, qui, par là, entre à tous coups dans une confusion à réjouir les spectateurs, et prend, à chaque nouvelle, toutes les mesures qu'il peut pour se parer du malheur qu'il craint » (*la Critique de l'École des femmes*, sc. 7).

« Si c'était un vaudeville moderne, nous assisterions à la scène, dit Louis Jouvet à ses comédiens, au cours d'une répétition de *l'École des femmes*, nous verrions le cocu entrer, bougonner, jeter les habits dans les coins, casser un vase, donner des coups de pied aux chaises. C'est du théâtre classique ; on ne nous en fait qu'un récit : il faut que ce récit soit très évocateur et très précis. »

4. Montrez enfin comment Horace, en tendant à Arnolphe un miroir où celui-ci se voit dans sa vérité, lui fait subir une humiliation encore plus terrible. Cette scène n'est-elle pas typique du théâtre dans le théâtre ? À votre avis, quel(s) effet(s) Molière vise-t-il ici ? Quelles peuvent être les réactions des spectateurs ?

L'AMBIGUÏTÉ DU COMIQUE

5. La cruauté de la scène 6 est-elle renforcée par son caractère comique ? Sur quoi reposent l'une et l'autre ?

6. Horace et Arnolphe ont toujours dialogué jusqu'ici : pourquoi Molière a-t-il fait taire Arnolphe en présence d'Horace ? Qu'est-ce que ce silence peut présager ?

7. Les vers 485-490 et 1145-1149 se font écho. Les répétitions vous paraissent-elles gratuites ? Quelle peut être leur utilité ? Montrez que l'ardeur juvénile d'Horace répond à celle d'Agnès.

ARNOLPHE CONTRE HORACE

8. Ce dernier monologue de la pièce (scène 7) prend l'allure de stances parodiant celles des héros cornéliens. Étudiez-en la composition et le ton.

9. Quelles pulsions contradictoires se partagent le cœur et l'esprit d'Arnolphe ? Relevez le vocabulaire qui traduit l'une et l'autre, et le déchirement entre les deux.

10. N'y a-t-il pas dans le monologue d'Arnolphe la promesse d'un nouveau changement de rythme et de péripéties nouvelles ? Repérez les vers qui l'annoncent.

11. Dans l'univers de la tragédie, quelle pourrait être l'issue d'un conflit aussi ouvert ?

SCÈNE 8. CHRYSALDE, ARNOLPHE.

CHRYSALDE

Eh bien, souperons-nous avant la promenade ?

ARNOLPHE

Non, je jeûne ce soir.

CHRYSALDE

D'où vient cette boutade ?

ARNOLPHE

De grâce, excusez-moi, j'ai quelqu'autre embarras.

CHRYSALDE

Votre hymen résolu ne se fera-t-il pas ?

ARNOLPHE

1220 C'est trop s'inquiéter des affaires des autres.

CHRYSALDE

Oh ! oh ! si brusquement ! Quels chagrins sont les vôtres ?
Serait-il point, compère, à votre passion
Arrivé quelque peu de tribulation[1] ?
Je le jurerais presque à voir votre visage.

ARNOLPHE

1225 Quoi qu'il m'arrive, au moins aurai-je l'avantage
De ne pas ressembler à de certaines gens
Qui souffrent doucement l'approche des galans[2].

CHRYSALDE

C'est un étrange fait qu'avec tant de lumières
Vous vous effarouchiez[3] toujours sur ces matières ;
1230 Qu'en cela vous mettiez le souverain bonheur,
Et ne conceviez point au monde d'autre honneur.
Être avare, brutal, fourbe, méchant et lâche
N'est rien, à votre avis, auprès de cette tache,

---

1. *Tribulation :* trouble, tourment.
2. *Galans :* orthographe nécessitée par la rime « pour l'œil ».
3. *Effarouchiez :* scandalisiez.

Et, de quelque façon qu'on puisse avoir vécu,
1235 On est homme d'honneur quand on n'est point cocu.
À le bien prendre, au fond, pourquoi voulez-vous croire
Que de ce cas fortuit dépende notre gloire,
Et qu'une âme bien née ait à se reprocher
L'injustice d'un mal qu'on ne peut empêcher ?
1240 Pourquoi voulez-vous, dis-je, en prenant une femme,
Qu'on soit digne, à son choix, de louange ou de blâme,
Et qu'on s'aille former un monstre plein d'effroi
De l'affront que nous fait son manquement de foi ?
Mettez-vous dans l'esprit qu'on peut du cocuage
1245 Se faire en galant homme une plus douce image,
Que, des coups du hasard aucun n'étant garant,
Cet accident de soi doit être indifférent,
Et qu'enfin tout le mal, quoi que le monde glose[1],
N'est que dans la façon de recevoir la chose ;
1250 Car, pour se bien conduire en ces difficultés,
Il y faut comme en tout fuir les extrémités,
N'imiter pas ces gens un peu trop débonnaires
Qui tirent vanité de ces sortes d'affaires,
De leurs femmes toujours vont citant les galants,
1255 En font partout l'éloge et prônent leurs talents,
Témoignent avec eux d'étroites sympathies,
Sont de tous leurs cadeaux, de toutes leurs parties,
Et font qu'avec raison les gens sont étonnés
De voir leur hardiesse à montrer là leur nez.
1260 Ce procédé sans doute est tout à fait blâmable ;
Mais l'autre extrémité n'est pas moins condamnable.
Si je n'approuve pas ces amis des galants,
Je ne suis pas aussi pour ces gens turbulents
Dont l'imprudent[2] chagrin, qui tempête et qui gronde,
1265 Attire au bruit qu'il fait les yeux de tout le monde,
Et qui par cet éclat semblent ne pas vouloir
Qu'aucun puisse ignorer ce qu'ils peuvent avoir.

---

1. *Quoi que le monde glose :* malgré les critiques.
2. *Imprudent :* maladroit, qui manque de discernement.

Entre ces deux partis il en est un honnête
Où, dans l'occasion, l'homme prudent s'arrête,
1270 Et, quand on le sait prendre, on n'a point à rougir
Du pis dont une femme avec nous puisse agir.
Quoi qu'on en puisse dire, enfin, le cocuage
Sous des traits moins affreux aisément s'envisage ;
Et, comme je vous dis, toute l'habileté
1275 Ne va qu'à le savoir tourner du bon côté.

ARNOLPHE

Après ce beau discours, toute la confrérie[1]
Doit un remerciement à Votre Seigneurie ;
Et quiconque voudra vous entendre parler
Montrera de la joie à s'y voir enrôler.

CHRYSALDE

1280 Je ne dis pas cela, car c'est ce que je blâme ;
Mais, comme c'est le sort qui nous donne une femme,
Je dis que l'on doit faire ainsi qu'au jeu de dés[2],
Où, s'il ne vous vient pas ce que vous demandez,
Il faut jouer d'adresse, et, d'une âme réduite[3],
1285 Corriger le hasard par la bonne conduite.

ARNOLPHE

C'est à dire dormir et manger toujours bien,
Et se persuader que tout cela n'est rien.

CHRYSALDE

Vous pensez vous moquer ; mais, à ne vous rien feindre,
Dans le monde je vois cent choses plus à craindre,
1290 Et dont je me ferais un bien plus grand malheur
Que de cet accident qui vous fait tant de peur.
Pensez-vous qu'à choisir de deux choses prescrites,
Je n'aimasse pas mieux être ce que vous dites
Que de me voir mari de ces femmes de bien

---

1. *Confrérie* : celle des cocus.
2. *Ainsi qu'au jeu de dés* : allusion aux *Adelphes* de Térence (IV, 7).
3. *Réduite* : qui se fait une raison, résignée.

113

1295 Dont la mauvaise humeur fait un procès pour rien,
Ces dragons de vertu, ces honnêtes diablesses[1],
Se retranchant toujours sur leurs sages prouesses,
Qui, pour un petit tort qu'elles ne nous font pas,
Prennent droit de traiter les gens de haut en bas,
1300 Et veulent, sur le pied de nous être fidèles[2],
Que nous soyons tenus à tout endurer d'elles ?
Encore un coup, compère, apprenez qu'en effet
Le cocuage n'est que ce que l'on le fait,
Qu'on peut le souhaiter pour de certaines causes,
1305 Et qu'il a ses plaisirs comme les autres choses.

ARNOLPHE

Si vous êtes d'humeur à vous en contenter,
Quant à moi, ce n'est pas la mienne d'en tâter
Et, plutôt que subir une telle aventure...

CHRYSALDE

Mon Dieu ! ne jurez point, de peur d'être parjure.
1310 Si le sort l'a réglé, vos soins sont superflus,
Et l'on ne prendra pas votre avis là-dessus.

ARNOLPHE

Moi ! je serais cocu ?

CHRYSALDE

Vous voilà bien malade.
Mille gens le sont bien, sans vous faire bravade[3],
Qui de mine, de cœur, de biens et de maison,
1315 Ne feraient avec vous nulle comparaison[4].

ARNOLPHE

Et moi je n'en voudrais avec eux faire aucune.
Mais cette raillerie, en un mot, m'importune :
Brisons là, s'il vous plaît.

---

1. *Diablesse :* femme méchante et acariâtre.
2. *Sur le pied de nous être fidèles :* dans la mesure où elles nous sont fidèles.
3. *Bravade :* défi, affront.
4. *Ne feraient avec vous nulle comparaison :* qui seraient bien au-dessus de vous, si l'on vous comparait à eux.

CHRYSALDE

Vous êtes en courroux :
Nous en saurons la cause. Adieu ; souvenez-vous,
1320 Quoi que sur ce sujet votre honneur vous inspire,
Que c'est être à demi ce que l'on vient de dire
Que de vouloir jurer qu'on ne le sera pas.

ARNOLPHE

Moi, je le jure encore, et je vais de ce pas
Contre cet accident trouver un bon remède.

SCÈNE 9. ALAIN, GEORGETTE, ARNOLPHE.

ARNOLPHE

1325 Mes amis, c'est ici que j'implore votre aide.
Je suis édifié de votre affection ;
Mais il faut qu'elle éclate en cette occasion ;
Et, si vous m'y servez selon ma confiance,
Vous êtes assurés de votre récompense.
1330 L'homme que vous savez, n'en faites point de bruit,
Veut, comme je l'ai su, m'attraper[1] cette nuit,
Dans la chambre d'Agnès entrer par escalade ;
Mais il lui faut, nous trois, dresser une embuscade,
Je veux que vous preniez chacun un bon bâton,
1335 Et, quand il sera près du dernier échelon
(Car dans le temps qu'il faut j'ouvrirai la fenêtre),
Que tous deux à l'envi vous me chargiez ce traître,
Mais d'un air[2] dont son dos garde le souvenir,
Et qui lui puisse apprendre à n'y plus revenir ;
1340 Sans me nommer pourtant en aucune manière,
Ni faire aucun semblant[3] que je serai derrière.
Aurez-vous bien l'esprit de servir mon courroux ?

---

1. *M'attraper :* me prendre à un piège, ruser avec moi.
2. *Air :* façon, manière.
3. *Faire aucun semblant :* ne laisser voir en aucune manière.

115

ALAIN

S'il ne tient qu'à frapper, Monsieur, tout est à nous.
Vous verrez, quand je bats, si j'y vais de main morte.

GEORGETTE

1345 La mienne, quoique aux yeux elle n'est[1] pas si forte,
N'en quitte pas sa part à le bien étriller[2].

ARNOLPHE

Rentrez donc, et surtout gardez de babiller.
Voilà pour le prochain une leçon utile,
Et, si tous les maris qui sont en cette ville
1350 De leurs femmes ainsi recevaient le galand[3],
Le nombre des cocus ne serait pas si grand.

---

1. *Quoique ... n'est :* « quoique » est aujourd'hui suivi obligatoirement du subjonctif.
2. *Étriller :* battre, rosser.
3. *Galand :* orthographe nécessitée par la rime « pour l'œil ».

Acte IV Scènes 8 et 9

LA FONCTION DU PERSONNAGE DE CHRYSALDE

1. Absent depuis la scène 1 de l'acte I, Chrysalde a un rôle modérateur, mais le parti qu'il fait mine de proposer à Arnolphe dans la scène 8 est-il vraiment de nature à calmer le jeu ?

2. D'Arnolphe ou de Chrysalde, qui a le « dernier mot » dans la scène 8, et pourquoi ?

3. Étudiez la composition et la tonalité du grand discours de Chrysalde. Quelle est l'utilité de la scène 8 dans l'économie d'ensemble de l'acte et de la pièce ?

4. Selon vous, Chrysalde incarne-t-il le point de vue de Molière ? Justifiez votre réponse. Quelle est la part d'humour, de raison ou de cynisme dans le discours de Chrysalde ?

L'UNITÉ DE TEMPS

5. L'action se déroule en 24 heures. Relevez les points de repère chronologiques donnés ici et là. Quelle leçon de « philosophie sur la fragilité humaine » Arnolphe pourrait-il tirer des événements de cette journée ? Ne peut-il ressentir, ainsi que les spectateurs, comme une accélération du temps ? Par quoi se manifeste-t-elle ?

QUESTIONS SUR L'ENSEMBLE DE L'ACTE IV

1. Étudiez les changements de rythme successifs au cours de l'acte IV. Quelle place occupe le comique de farce ?

2. Du point de vue du metteur en scène, quels changements de ton et de rythme devraient être indiqués à l'acteur qui incarne Arnolphe ?

3. Cet acte est-il important pour la progression de l'intrigue amoureuse entre Agnès et Horace ? Relevez les signes de l'évolution.

Aquarelle de Christian Bérard (coll. Louise Weil)
pour le décor de *l'École des femmes*
mise en scène par Louis Jouvet.
Théâtre de l'Athénée, 1936.

118

Acte V

SCÈNE PREMIÈRE. ALAIN, GEORGETTE, ARNOLPHE.

ARNOLPHE

Traîtres, qu'avez-vous fait par cette violence ?

ALAIN

Nous vous avons rendu, Monsieur, obéissance.

ARNOLPHE

De cette excuse en vain vous voulez vous armer.
1355 L'ordre était de le battre, et non de l'assommer[1],
Et c'était sur le dos, et non pas sur la tête,
Que j'avais commandé qu'on fît choir la tempête.
Ciel ! dans quel accident[2] me jette ici le sort !
Et que puis-je résoudre à voir cet homme mort ?
1360 Rentrez dans la maison, et gardez de rien dire[3]
De cet ordre innocent que j'ai pu vous prescrire :
Le jour s'en va paraître, et je vais consulter[4]
Comment dans ce malheur je me dois comporter.
Hélas ! que deviendrai-je ? et que dira le père
1365 Lorsqu'inopinément il saura cette affaire ?

---

1. *Assommer* : tuer à force de coups. Le sens s'est affaibli aujourd'hui.
2. *Accident* : événement malheureux.
3. *Gardez de rien dire* : gardez-vous de dire quoi que ce soit.
4. *Consulter* : réfléchir, examiner.

SCÈNE 2. HORACE, ARNOLPHE.

HORACE

Il faut que j'aille un peu reconnaître qui c'est.

ARNOLPHE

Eût-on jamais prévu... ? Qui va là, s'il vous plaît ?

HORACE

C'est vous, Seigneur Arnolphe ?

ARNOLPHE

Oui ; mais vous...

HORACE

C'est Horace.

Je m'en allais chez vous vous prier d'une grâce.
1370 Vous sortez bien matin ?

ARNOLPHE, *bas.*

Quelle confusion !
Est-ce un enchantement[1] ? est-ce une illusion[2] ?

HORACE

J'étais, à dire vrai, dans une grande peine,
Et je bénis du Ciel la bonté souveraine
Qui fait qu'à point nommé je vous rencontre ainsi.
1375 Je viens vous avertir que tout a réussi,
Et même beaucoup plus que je n'eusse osé dire,
Et par un incident qui devait tout détruire.
Je ne sais point par où l'on a pu soupçonner
Cette assignation[3] qu'on m'avait su donner ;
1380 Mais, étant sur le point d'atteindre à la fenêtre,
J'ai, contre mon espoir, vu quelques gens paraître,

---

1. *Enchantement :* effet d'une opération magique, surnaturelle.
2. *Illusion :* tromperie des sens, mirage.
3. *Assignation :* rendez-vous.

Qui, sur moi brusquement levant chacun le bras,
M'ont fait manquer le pied et tomber jusqu'en bas ;
Et ma chute, aux dépens de quelque meurtrissure,
1385 De vingt coups de bâton m'a sauvé l'aventure[1].
Ces gens-là, dont était, je pense, mon jaloux,
Ont imputé ma chute à l'effort de leurs coups ;
Et, comme la douleur un assez long espace[2]
M'a fait sans remuer demeurer sur la place,
1390 Ils ont cru tout de bon qu'ils m'avaient assommé,
Et chacun d'eux s'en est aussitôt alarmé.
J'entendais tout leur bruit dans le profond silence :
L'un l'autre ils s'accusaient de cette violence,
Et sans lumière aucune, en querellant le sort[3],
1395 Sont venus doucement tâter si j'étais mort.
Je vous laisse à penser si, dans la nuit obscure,
J'ai d'un vrai trépassé su tenir la figure.
Ils se sont retirés avec beaucoup d'effroi ;
Et, comme je songeais à me retirer, moi,
1400 De cette feinte mort la jeune Agnès émue
Avec empressement est devers[4] moi venue :
Car les discours qu'entre eux ces gens avaient tenus
Jusques à son oreille étaient d'abord venus,
Et, pendant tout ce trouble étant moins observée,
1405 Du logis aisément elle s'était sauvée.
Mais, me trouvant sans mal, elle a fait éclater
Un transport difficile à bien représenter.
Que vous dirai-je ? enfin, cette aimable personne
A suivi les conseils que son amour lui donne,
1410 N'a plus voulu songer à retourner chez soi,
Et de tout son destin s'est commise[5] à ma foi.

---

1. *M'a sauvé l'aventure :* évité la surprise de recevoir vingt coups.
2. *Espace :* un espace de temps.
3. *Querellant le sort :* se plaignant du sort (étymologie latine).
4. *Devers :* vers.
5. *S'est commise :* s'est confiée, s'est remise.

Considérez un peu, par ce trait d'innocence,
Où l'expose d'un fou la haute impertinence[1],
Et quels fâcheux périls elle pourrait courir
1415 Si j'étais maintenant homme à la moins chérir.
Mais d'un trop pur amour mon âme est embrasée ;
J'aimerais mieux mourir que l'avoir abusée ;
Je lui vois des appas dignes d'un autre sort,
Et rien ne m'en saurait séparer que la mort.
1420 Je prévois là-dessus l'emportement d'un père,
Mais nous prendrons le temps d'apaiser sa colère.
À des charmes si doux je me laisse emporter,
Et dans la vie, enfin, il se faut contenter.
Ce que je veux de vous, sous un secret fidèle,
1425 C'est que je puisse mettre en vos mains cette belle,
Que dans votre maison, en faveur de mes feux,
Vous lui donniez retraite au moins un jour ou deux.
Outre qu'aux yeux du monde il faut cacher sa fuite,
Et qu'on en pourra faire une exacte[2] poursuite,
1430 Vous savez qu'une fille aussi de sa façon
Donne avec un jeune homme un étrange soupçon ;
Et, comme c'est à vous, sûr de votre prudence,
Que j'ai fait de mes feux entière confidence,
C'est à vous seul aussi, comme ami généreux,
1435 Que je puis confier ce dépôt amoureux.

ARNOLPHE

Je suis, n'en doutez point, tout à votre service.

HORACE

Vous voulez bien me rendre un si charmant office ?

ARNOLPHE

Très volontiers, vous dis-je, et je me sens ravir
De cette occasion que j'ai de vous servir ;
1440 Je rends grâces au Ciel de ce qu'il me l'envoie,
Et n'ai jamais rien fait avec si grande joie.

---

1. *Impertinence :* caractère de ce qui va à l'encontre du bon sens.
2. *Exacte :* faite avec soin, conformément aux lois.

HORACE

Que je suis redevable à toutes vos bontés !
J'avais de votre part craint des difficultés ;
Mais vous êtes du monde[1] et, dans votre sagesse,
1445 Vous savez excuser le feu de la jeunesse.
Un de mes gens la garde au coin de ce détour[2].

ARNOLPHE

Mais comment ferons-nous ? car il fait un peu jour.
Si je la prends ici, l'on me verra peut-être,
Et, s'il faut que chez moi vous veniez à paraître,
1450 Des valets causeront. Pour jouer au plus sûr,
Il faut me l'amener dans un lieu plus obscur :
Mon allée est commode, et je l'y vais attendre.

HORACE

Ce sont précautions qu'il est fort bon de prendre.
Pour moi, je ne ferai que vous la mettre en main,
1455 Et chez moi sans éclat[3] je retourne soudain.

ARNOLPHE, *seul.*

Ah ! fortune ! ce trait d'aventure propice
Répare tous les maux que m'a faits ton caprice.

(Il s'enveloppe le nez de son manteau.)

---

1. *Vous ... monde :* vous connaissez les usages de la bonne société.
2. *Détour :* tournant de rue.
3. *Sans éclat :* sans bruit.

Acte V Scènes 1 et 2

LA MORT EN CE JARDIN ?

1. À quel moment de la journée les personnages sont-ils parvenus, scène 1 ?

2. Comment, une fois de plus, Molière a-t-il utilisé l'entracte ? Les spectateurs apprennent, au cours de ces deux scènes, un événement suffisamment grave pour qu'Arnolphe (une fois n'est pas coutume) perçoive la portée de ses actes et prenne peur. Pourquoi, à votre avis, Molière n'a-t-il pas montré les faits, malgré son goût pour la farce dont les coups de bâton, les chutes, etc. sont les ingrédients traditionnels ? Est-ce pour des raisons matérielles, ou pour respecter l'une des règles du théâtre classique ? Dans ce cas, laquelle ? Et, alors, que penser de la querelle faite à Molière à propos de cette pièce ?

À QUI PERD GAGNE ?

3. La scène 2 apporte un soudain rebondissement au moment où la situation d'Arnolphe paraissait désespérée. L'alternance de précautions inutiles et d'échecs ridicules achève de constituer la trame et le mouvement de la pièce. Dans le récit d'Horace, ne peut-on déceler quelque trace de parodie d'une narration épique ? Songez au récit du *Cid*.

4. Montrez, en citant des passages précis, le rythme des renversements successifs de situation.

5. Quelle nouvelle étape Agnès vient-elle de franchir dans son évolution ? Comment qualifieriez-vous son comportement ? Quelles peuvent en être les causes ? Dans une telle circonstance, Horace ne se révèle-t-il pas « honnête homme » ?

6. Molière n'abuse-t-il pas des « coups de théâtre » ? Justifiez votre réponse.

SCÈNE 3. AGNÈS, HORACE, ARNOLPHE.

HORACE

Ne soyez point en peine où je vais vous mener,
C'est un logement sûr que je vous fais donner ;
1460 Vous loger avec moi, ce serait tout détruire :
Entrez dans cette porte, et laissez-vous conduire.
(Arnolphe lui prend la main sans qu'elle le reconnaisse.)

AGNÈS

Pourquoi me quittez-vous ?

HORACE

Chère Agnès, il le faut.

AGNÈS

Songez donc, je vous prie, à revenir bientôt.

HORACE

J'en suis assez pressé par ma flamme amoureuse.

AGNÈS

1465 Quand je ne vous vois point, je ne suis point joyeuse.

HORACE

Hors de votre présence on me voit triste aussi

AGNÈS

Hélas ! s'il était vrai, vous resteriez ici.

HORACE

Quoi ! vous pourriez douter de mon amour extrême ?

AGNÈS

Non, vous ne m'aimez pas autant que je vous aime.
(Arnolphe la tire.)
1470 Ah ! l'on me tire trop.

HORACE

C'est qu'il est dangereux,
Chère Agnès, qu'en ce lieu nous soyons vus tous deux,
Et le parfait ami de qui la main vous presse
Suit le zèle prudent qui pour nous l'intéresse[1].

1. *L'intéresse :* lui donne de l'intérêt pour nous.

ANSÈS

Mais suivre un inconnu que...

HORACE

N'appréhendez rien :

1475 Entre de telles mains vous ne serez que bien.

AGNÈS

Je me trouverais mieux entre celles d'Horace,
Et j'aurais...
(À Arnolphe qui la tire encore.)
Attendez.

HORACE

Adieu, le jour me chasse.

AGNÈS

Quand vous verrai-je donc ?

HORACE

Bientôt assurément.

AGNÈS

Que je vais m'ennuyer jusques à ce moment !

HORACE

1480 Grâce au Ciel, mon bonheur n'est plus en concurrence[1],
Et je puis maintenant dormir en assurance.

SCÈNE 4.   ARNOLPHE, AGNÈS.

ARNOLPHE, *le nez dans son manteau.*
Venez, ce n'est pas là que je vous logerai,
Et votre gîte ailleurs est par moi préparé,
Je prétends en lieu sûr mettre votre personne.
1485 Me connaissez-vous ?

---

1. *En concurrence :* en litige, en doute.

126

AGNÈS, *le reconnaissant.*

Hay !

ARNOLPHE

            Mon visage, friponne,
Dans cette occasion rend vos sens effrayés,
Et c'est à contrecœur qu'ici vous me voyez :
Je trouble en ses projets l'amour qui vous possède.
    (Agnès regarde si elle ne verra point Horace.)
N'appelez point des yeux le galant à votre aide,
1490 Il est trop éloigné pour vous donner secours.
Ah ! ah ! si jeune encor, vous jouez de ces tours !
Votre simplicité, qui semble sans pareille,
Demande si l'on fait les enfants par l'oreille,
Et vous savez donner des rendez-vous la nuit,
1495 Et pour suivre un galant vous évader sans bruit.
Tudieu[1] comme avec lui votre langue cajole[2] !
Il faut qu'on vous ait mise à quelque bonne école.
Qui diantre tout d'un coup vous en a tant appris ?
Vous ne craignez donc plus de trouver des esprits[3] ?
1500 Et ce galant la nuit vous a donc enhardie ?
Ah ! coquine, en venir à cette perfidie !
Malgré tous mes bienfaits former un tel dessein !
Petit serpent que j'ai réchauffé dans mon sein,
Et qui, dès qu'il se sent[4], par une humeur ingrate,
1505 Cherche à faire du mal à celui qui le flatte !

AGNÈS

Pourquoi me criez-vous[5] ?

---

1. *Tudieu :* forme abrégée de « vertudieu », juron.
2. *Cajole :* babille comme un geai en cage ; dit des paroles caressantes
pour plaire à quelqu'un.
3. *Esprits :* revenants, fantômes.
4. *Se sent :* s'est ranimé.
5. *Criez :* grondez. Au XVIIᵉ siècle, le verbe « crier » peut avoir un
complément d'objet direct désignant une personne.

ARNOLPHE

J'ai grand tort, en effet.

AGNÈS

Je n'entends point de mal dans tout ce que j'ai fait.

ARNOLPHE

Suivre un galant n'est pas une action infâme ?

AGNÈS

C'est un homme qui dit qu'il me veut pour sa femme :
1510 J'ai suivi vos leçons, et vous m'avez prêché
Qu'il se faut marier pour ôter le péché.

ARNOLPHE

Oui, mais, pour femme, moi, je prétendais vous prendre,
Et je vous l'avais fait, me semble[1], assez entendre.

AGNÈS

Oui, mais, à vous parler franchement entre nous,
1515 Il est plus pour cela selon mon goût que vous.
Chez vous le mariage est fâcheux et pénible,
Et vos discours en font une image terrible ;
Mais, las[2] ! il le fait, lui, si rempli de plaisirs
Que de se marier il donne des désirs.

ARNOLPHE

1520 Ah ! c'est que vous l'aimez, traîtresse.

AGNÈS

Oui, je l'aime.

ARNOLPHE

Et vous avez le front de le dire à moi-même !

AGNÈS

Et pourquoi, s'il est vrai, ne le dirais-je pas ?

ARNOLPHE

Le deviez-vous aimer, impertinente ?

---

1. *Me semble* : il me semble (ellipse du pronom personnel).
2. *Las* : hélas !

AGNÈS

Hélas !
Est-ce que j'en puis mais[1] ? Lui seul en est la cause,
1525 Et je n'y songeais pas lorsque se fit la chose.

ARNOLPHE

Mais il fallait chasser cet amoureux désir.

AGNÈS

Le moyen de chasser ce qui fait du plaisir ?

ARNOLPHE

Et ne saviez-vous pas que c'était me déplaire ?

AGNÈS

Moi ? point du tout : quel mal cela vous peut-il faire ?

ARNOLPHE

1530 Il est vrai, j'ai sujet d'en être réjoui.
Vous ne m'aimez donc pas, à ce compte ?

AGNÈS

Vous ?

ARNOLPHE

Oui.

AGNÈS

Hélas ! non.

ARNOLPHE

Comment, non ?

AGNÈS

Voulez-vous que je mente ?

ARNOLPHE

Pourquoi ne m'aimer pas, Madame l'impudente ?

AGNÈS

Mon Dieu ! ce n'est pas moi que vous devez blâmer :
1535 Que ne vous êtes-vous comme lui fait aimer ?
Je ne vous en ai pas empêché, que je pense.

1. *Est-ce que j'en puis mais* : qu'y puis-je ?

ARNOLPHE

Je m'y suis efforcé de toute ma puissance ;
Mais les soins que j'ai pris, je les ai perdus tous.

AGNÈS

Vraiment, il en sait donc là-dessus plus que vous,
1540 Car à se faire aimer il n'a point eu de peine.

ARNOLPHE

Voyez comme raisonne et répond la vilaine[1] !
Peste ! une précieuse en dirait-elle plus ?
Ah ! je l'ai mal connue, ou, ma foi, là-dessus
Une sotte en sait plus que le plus habile[2] homme.
1545 Puisqu'en raisonnement votre esprit se consomme[3],
La belle raisonneuse, est-ce qu'un si long temps
Je vous aurai pour lui nourrie à mes dépens ?

AGNÈS

Non, il vous rendra tout jusques au dernier double[4].

ARNOLPHE

Elle a de certains mots où mon dépit redouble.
1550 Me rendra-t-il, coquine, avec tout son pouvoir,
Les obligations que vous pouvez m'avoir ?

AGNÈS

Je ne vous en ai pas de si grandes qu'on pense.

ARNOLPHE

N'est-ce rien que les soins d'élever votre enfance ?

AGNÈS

Vous avez là dedans[5] bien opéré vraiment,
1555 Et m'avez fait en tout instruire joliment !

---

1. *Vilaine* : paysanne, campagnarde, par opposition à la bourgeoise de la ville. Utilisé dans un sens méprisant.
2. *Habile* : intelligent, expérimenté.
3. *Se consomme* : atteint à la perfection.
4. *Double* : très petite monnaie (« jusqu'au dernier sou »).
5. *Là dedans* : en cela.

Croit-on que je me flatte, et qu'enfin dans ma tête
Je ne juge pas bien que je suis une bête ?
Moi-même j'en ai honte, et, dans l'âge où je suis,
Je ne veux plus passer pour sotte, si je puis.

ARNOLPHE

1560 Vous fuyez l'ignorance, et voulez, quoi qu'il coûte,
Apprendre du blondin quelque chose.

AGNÈS

Sans doute.
C'est de lui que je sais ce que je puis savoir,
Et beaucoup plus qu'à vous je pense lui devoir.

ARNOLPHE

Je ne sais qui me tient[1] qu'avec une gourmade[2]
1565 Ma main de ce discours ne venge la bravade.
J'enrage quand je vois sa piquante[3] froideur,
Et quelques coups de poing satisferaient mon cœur.

AGNÈS

Hélas ! vous le pouvez, si cela peut vous plaire.

ARNOLPHE

Ce mot, et ce regard, désarme ma colère,
1570 Et produit un retour de tendresse de cœur
Qui de son action m'efface la noirceur.
Chose étrange d'aimer, et que pour ces traîtresses
Les hommes soient sujets à de telles faiblesses !
Tout le monde connaît leur imperfection :
1575 Ce n'est qu'extravagance et qu'indiscrétion[4].
Leur esprit est méchant, et leur âme fragile[5] ;
Il n'est rien de plus faible et de plus imbécile[6],

---

1. *Qui me tient :* ce qui me retient.
2. *Gourmade :* coup de poing.
3. *Piquante :* irritante.
4. *Indiscrétion :* absence de discernement.
5. *Fragile :* prête à pécher.
6. *Imbécile :* faible, sur le plan moral.

Rien de plus infidèle ; et, malgré tout cela,
Dans le monde on fait tout pour ces animaux-là.
1580 Hé bien ! faisons la paix ; va, petite traîtresse,
Je te pardonne tout, et te rends ma tendresse.
Considère par là l'amour que j'ai pour toi,
Et, me voyant si bon, en revanche aime-moi.

ANGÈS

Du meilleur de mon cœur je voudrais vous complaire.
1585 Que me coûterait-il, si je le pouvais faire ?

ARNOLPHE

Mon pauvre petit bec[1], tu le peux, si tu veux.
    (Il fait un soupir.)
Écoute seulement ce soupir amoureux ;
Vois ce regard mourant, contemple ma personne,
Et quitte ce morveux et l'amour qu'il te donne.
1590 C'est quelque sort qu'il faut qu'il ait jeté sur toi,
Et tu seras cent fois plus heureuse avec moi.
Ta forte passion est d'être brave et leste[2].
Tu le seras toujours, va, je te le proteste.
Sans cesse nuit et jour je te caresserai,
1595 Je te bouchonnerai, baiserai, mangerai.
Tout comme tu voudras tu pourras te conduire.
Je ne m'explique point, et cela c'est tout dire.
    (À part.)
Jusqu'où la passion peut-elle faire aller ?
    (Haut.)
Enfin, à mon amour rien ne peut s'égaler.
1600 Quelle preuve veux-tu que je t'en donne, ingrate ?
Me veux-tu voir pleurer ? veux-tu que je me batte ?
Veux-tu que je m'arrache un côté de cheveux ?
Veux-tu que je me tue ? Oui, dis si tu le veux.
Je suis tout prêt, cruelle, à te prouver ma flamme.

---

1. *Petit bec :* petit minois.
2. *Brave et leste :* bien vêtue et d'une élégance pimpante.

AGNÈS

1605 Tenez, tous vos discours ne me touchent point l'âme.
Horace avec deux mots en ferait plus que vous.

ARNOLPHE

Ah ! c'est trop me braver, trop pousser mon courroux.
Je suivrai mon dessein, bête trop indocile,
Et vous dénicherez[1] à l'instant de la ville.
1610 Vous rebutez[2] mes vœux, et me mettez à bout,
Mais un cul de couvent[3] me vengera de tout.

SCÈNE 5. ALAIN, ARNOLPHE.

ALAIN

Je ne sais ce que c'est, Monsieur, mais il me semble
Qu'Agnès et le corps mort s'en sont allés ensemble.

ARNOLPHE

La voici : dans ma chambre allez me la nicher.
1615 Ce ne sera pas là qu'il la viendra chercher ;
Et puis c'est seulement pour une demie-heure[4].
Je vais, pour lui donner une sûre demeure,
Trouver une voiture ; enfermiez-vous des mieux[5],
Et surtout gardez-vous de la quitter des yeux.
1620 Peut-être que son âme, étant dépaysée[6],
Pourra de cet amour être désabusée.

---

1. *Dénicherez* : quitterez le nid, le logis, déménagerez.
2. *Rebutez* : repoussez.
3. *Cul de couvent* : le fond d'un couvent.
4. *Demie-heure* : s'écrit aujourd'hui « demi-heure ».
5. *Des mieux* : le mieux possible, du mieux que vous pouvez.
6. *Dépaysée* : changée de lieu, et déconcertée de ce fait.

SCÈNE 6.   HORACE, ARNOLPHE.

HORACE

Ah ! je viens vous trouver accablé de douleur.
Le Ciel, Seigneur Arnolphe, a conclu[1] mon malheur,
Et, par un trait fatal d'une injustice extrême,
1625 On me veut arracher de la beauté que j'aime.
Pour arriver ici mon père a pris le frais[2] :
J'ai trouvé qu'il mettait pied à terre ici près,
Et la cause, en un mot, d'une telle venue,
Qui, comme je disais, ne m'était pas connue,
1630 C'est qu'il m'a marié sans m'en récrire[3] rien,
Et qu'il vient en ces lieux célébrer ce lien.
Jugez, en prenant part à mon inquiétude,
S'il pouvait m'arriver un contre-temps plus rude.
Cet Enrique, dont hier je m'informais à vous,
1635 Cause tout le malheur dont je ressens les coups :
Il vient avec mon père achever ma ruine,
Et c'est sa fille unique à qui l'on me destine.
J'ai dès leurs premiers mots pensé m'évanouir ;
Et d'abord, sans vouloir plus longtemps les ouïr,
1640 Mon père ayant parlé de vous rendre visite,
L'esprit plein de frayeur, je l'ai devancé vite.
De grâce, gardez-vous de lui rien découvrir
De mon engagement, qui le pourrait aigrir,
Et tâchez, comme en vous il prend grande créance[4],
1645 De le dissuader de cette autre alliance.

ARNOLPHE

Oui-da[5].

---

1. *A conclu* : a mis le comble à.
2. *A pris le frais* : a voyagé de nuit et va arriver.
3. *Récrire* : sans doute erreur d'imprimerie pour « écrire ».
4. *Créance* : confiance.
5. *Oui-da* : volontiers, de bon cœur.

HORACE
Conseillez-lui de différer un peu,
Et rendez en ami ce service à mon feu.

ARNOLPHE
Je n'y manquerai pas.

HORACE
C'est en vous que j'espère.

ARNOLPHE
Fort bien.

HORACE
Et je vous tiens mon véritable père.
1650 Dites-lui que mon âge... Ah ! je le vois venir.
Écoutez les raisons que je vous puis fournir.
(Ils demeurent en un coin du théâtre.)

Marcel Maréchal (Arnolphe) et Jean-Paul Bordes (Horace)
dans une mise en scène de Marcel Maréchal
au Théâtre national de Marseille-la Criée, 1989.

Acte V Scènes 3, 4, 5 et 6

UN TRIOMPHE ÉPHÉMÈRE

1. Le trio apparaît pour la première fois sur la scène (scène 3), mais un double quiproquo subsiste, grâce au déguisement : Horace ignore encore qu'il confie la jeune fille à son rival ; Agnès ne sait pas qu'elle est confiée à Arnolphe. L'erreur involontaire d'Horace met Agnès en danger. Montrez, en vous référant au texte, le sentiment d'angoisse qui s'installe en elle.

2. Une femme entre deux hommes : la situation de la scène 3 pourrait aussi bien être comique que tragique. Sur quel(s) registre(s) joue Molière ? Quel effet vise-t-il ?

L'AMOUREUX MALGRÉ LUI

3. Nouveau renversement de situation (sc. 4) : Agnès et Arnolphe s'affrontent d'abord d'égal à égal. Montrez les étapes successives que franchit le maître dépossédé. Comment passe-t-il des reproches les plus violents à la déclaration d'amour ? Malgré l'absence d'indications de Molière, quels vers sont dits en aparté ? Citez-les.
À quel moment précis cette déclaration passionnée sombre-t-elle dans le ridicule ? Comparez les preuves d'amour d'un véritable « honnête homme » avec celles que propose Arnolphe, qui s'est anobli lui-même.

4. Relevez les détails qui indiquent la claire conscience qu'Agnès a de l'évolution d'Arnolphe. Essayez de montrer comment elle « retourne » psychologiquement la situation quand elle mesure le pouvoir qu'elle a pris sur lui. Commentez les vers 1605-1606.

5. Quel est l'intérêt dramatique de la scène 4 ? Et son intérêt théâtral ? Peut-on dire qu'elle est l'un des points culminants de la pièce ? Justifiez votre réponse.

6. Analysez les raisons pour lesquelles Arnolphe ne « sait » aimer ni se faire aimer.

7. Devant la détermination d'Agnès, quel est l'ultime recours d'Arnolphe ? Il a multiplié les précautions pour se préparer une épouse sur mesure : en vain. Face au danger, il s'est choisi des alliés (eux aussi soigneusement dressés à la sottise), et a transformé sa maison en château fort : peine perdue. L'accumulation de ces échecs, outre sa fonction comique, laisse-t-elle présager la défaite d'Arnolphe ? Cette dernière menace ne constitue-t-elle pas une prise de position de Molière à l'égard de l'Église et des usages de son temps ?

DERNIÈRE TENTATIVE D'ARNOLPHE : LA SÉQUESTRATION

8. Montrez comment le personnage comique peut aller jusqu'au bout de sa folie (sc. 5). À quelle punition condamne-t-il Agnès (sc. 5) ?

9. Quel est l'intérêt de ce nouveau contretemps (sc. 6) qui vient retarder le projet d'Horace ? L'arrivée d'Enrique a-t-elle été déjà mentionnée ?

10. Dans quelle mesure la volonté des pères est-elle toute-puissante ? Le sort d'Horace est-il à cet égard si différent de celui d'Agnès ? Trouvez d'autres exemples dans le théâtre de Molière de l'antagonisme des jeunes gens et des parents. Que peut-on penser de la rareté des personnages de mères dans la dramaturgie moliéresque ?

11. Qu'a de comique le vers 1648 ?

137

SCÈNE 7. ENRIQUE, ORONTE, CHRYSALDE, HORACE, ARNOLPHE.

ENRIQUE, *à Chrysalde.*

Aussitôt qu'à mes yeux je vous ai vu paraître,
Quand on ne m'eût rien dit, j'aurais su vous connaître.
Je vous vois tous les traits de cette aimable sœur
Dont l'hymen autrefois m'avait fait possesseur ;
Et je serais heureux si la Parque cruelle
M'eût laissé ramener cette épouse fidèle,
Pour jouir avec moi des sensibles douceurs
De revoir tous les siens après nos longs malheurs.
Mais, puisque du destin la fatale puissance
Nous prive pour jamais de sa chère présence,
Tâchons de nous résoudre, et de nous contenter
Du seul fruit amoureux qu'il m'en est pu rester[1] :
Il vous touche de près, et sans votre suffrage
J'aurais tort de vouloir disposer de ce gage.
Le choix du fils d'Oronte est glorieux de soi.
Mais il faut que ce choix vous plaise comme à moi.

CHRYSALDE

C'est de mon jugement avoir mauvaise estime,
Que douter si j'approuve un choix si légitime.

ARNOLPHE, *à Horace.*

Oui, je vais vous servir de la bonne façon.

HORACE

Gardez encore un coup...

ARNOLPHE

N'ayez aucun soupçon.

ORONTE, *à Arnolphe.*

Ah ! que cette embrassade est pleine de tendresse !

---

1. *Qu'il ... rester :* aujourd'hui, « qu'il m'en ait pu rester ».

ARNOLPHE

Que je sens à vous voir une grande allégresse !

ORONTE

Je suis ici venu...

ARNOLPHE

Sans m'en faire récit,

1675 Je sais ce qui vous mène.

ORONTE

On vous l'a déjà dit ?

ARNOLPHE

Oui.

ORONTE

Tant mieux.

ARNOLPHE

Votre fils à cet hymen résiste,
Et son cœur prévenu[1] n'y voit rien que de triste ;
Il m'a même prié de vous en détourner.
Et moi, tout le conseil que je vous puis donner,
1680 C'est de ne pas souffrir que ce nœud se diffère
Et de faire valoir l'autorité de père.
Il faut avec vigueur ranger les jeunes gens,
Et nous faisons contre eux[2] à leur être indulgens[3].

HORACE

Ah ! traître !

CHRYSALDE

Si son cœur a quelque répugnance,
1685 Je tiens qu'on ne doit pas lui faire violence.
Mon frère[4], que je crois, sera de mon avis.

toujours modéré

---

1. *Prévenu :* empli à l'avance de sentiments hostiles.
2. *Contre eux :* nous agissons contre leur intérêt.
3. *Indulgens :* pour « indulgents », orthographe nécessitée par la rime
« pour l'œil ».
4. *Frère :* beau-frère, ici.

ARNOLPHE

Quoi ! se laissera-t-il gouverner par son fils ?
Est-ce que vous voulez qu'un père ait la mollesse
De ne savoir pas faire obéir la jeunesse ?
1690 Il serait beau, vraiment, qu'on le vît aujourd'hui
Prendre loi de qui doit la recevoir de lui.
Non, non, c'est mon intime, et sa gloire est la mienne ;
Sa parole est donnée, il faut qu'il la maintienne,
Qu'il fasse voir ici de fermes sentiments,
1695 Et force de son fils tous les attachements.

ORONTE

C'est parler comme il faut, et, dans cette alliance,
C'est moi qui vous réponds de son obéissance.

CHRYSALDE, à Arnolphe.

Je suis surpris, pour moi, du grand empressement
Que vous me faites voir pour cet engagement,
1700 Et ne puis deviner quel motif vous inspire...

ARNOLPHE

Je sais ce que je fais, et dis ce qu'il faut dire.

ORONTE

Oui, oui, Seigneur Arnolphe, il est...

CHRYSALDE

Ce nom l'aigrit ;
C'est Monsieur de la Souche, on vous l'a déjà dit.

ARNOLPHE

Il n'importe.

HORACE

Qu'entends-je ?

ARNOLPHE, se retournant vers Horace.

Oui, c'est là le mystère.
1705 Et vous pouvez juger ce que je devais faire.

HORACE

En quel trouble...

SCÈNE 8. GEORGETTE, ENRIQUE, ORONTE, CHRYSALDE, HORACE, ARNOLPHE.

GEORGETTE

Monsieur, si vous n'êtes auprès,
Nous aurons de la peine à retenir Agnès :
Elle veut à tous coups s'échapper, et peut-être
Qu'elle se pourrait bien jeter par la fenêtre.

ARNOLPHE

1710 Faites-la-moi venir ; aussi bien de ce pas
Prétends-je l'emmener.
(À Horace.)
Ne vous en fâchez pas :
Un bonheur continu rendrait l'homme superbe,
Et chacun a son tour, comme dit le proverbe.

HORACE

Quels maux peuvent, ô Ciel, égaler mes ennuis ?
1715 Et s'est-on jamais vu dans l'abîme où je suis ?

ARNOLPHE, à Oronte.

Pressez vite le jour de la cérémonie ;
J'y prends part, et déjà moi-même je m'en prie[1].

ORONTE

C'est bien notre dessein.

---

1. *Je m'en prie :* je m'y invite.

SCÈNE 9. AGNÈS, ALAIN, GEORGETTE, ORONTE, ENRIQUE, ARNOLPHE, HORACE, CHRYSALDE.

ARNOLPHE

Venez, belle, venez,
Qu'on ne saurait tenir, et qui vous mutinez.
1720 Voici votre galant, à qui pour récompense
Vous pouvez faire une humble et douce révérence.
Adieu, l'événement trompe un peu vos souhaits ;
Mais tous les amoureux ne sont pas satisfaits.

AGNÈS

Me laissez-vous, Horace, emmener de la sorte ?

HORACE

1725 Je ne sais où j'en suis, tant ma douleur est forte.

ARNOLPHE

Allons, causeuse, allons.

AGNÈS

Je veux rester ici.

ORONTE

Dites-nous ce que c'est que ce mystère-ci.
Nous nous regardons tous sans le pouvoir comprendre.

ARNOLPHE

Avec plus de loisir je pourrai vous l'apprendre.
1730 Jusqu'au revoir.

ORONTE

Où donc prétendez-vous aller ?
Vous ne nous parlez point comme il nous faut parler.

ARNOLPHE

Je vous ai conseillé, malgré tout son murmure,
D'achever l'hyménée.

ORONTE

Oui, mais pour le conclure,
Si l'on vous a dit tout, ne vous a-t-on pas dit
1735 Que vous avez chez vous celle dont il s'agit,
La fille qu'autrefois de l'aimable Angélique
Sous des liens secrets eut le Seigneur Enrique ?

142

Sur quoi votre discours était-il donc fondé ?

CHRYSALDE

Je m'étonnais aussi de voir son procédé.

ARNOLPHE

1740 Quoi !...

CHRYSALDE

D'un hymen secret ma sœur eut une fille
Dont on cacha le sort à toute la famille.

ORONTE

Et qui, sous de feints noms, pour ne rien découvrir,
Par son époux, aux champs, fut donnée à nourrir.

CHRYSALDE

Et dans ce temps le sort, lui déclarant la guerre,
1745 L'obligea de sortir de sa natale terre.

ORONTE

Et d'aller essuyer mille périls divers
Dans ces lieux séparés de nous par tant de mers.

CHRYSALDE

Où ses soins ont gagné ce que dans sa patrie
Avaient pu lui ravir l'imposture et l'envie.

ORONTE

1750 Et de retour en France, il a cherché d'abord
Celle à qui de sa fille il confia le sort.

CHRYSALDE

Et cette paysanne a dit avec franchise
Qu'en vos mains à quatre ans elle l'avait remise.

ORONTE

Et qu'elle l'avait fait, sur votre charité,
1755 Par un accablement d'extrême pauvreté.

CHRYSALDE

Et lui, plein de transport et l'allégresse en l'âme,
A fait jusqu'en ces lieux conduire cette femme.

ORONTE

Et vous allez enfin la voir venir ici
Pour rendre aux yeux de tous ce mystère éclairci.

143

CHRYSALDE

1760 Je devine à peu près quel est votre supplice ;
Mais le sort en cela ne vous est que propice.
Si n'être point cocu vous semble un si grand bien,
Ne vous point marier en est le vrai moyen.

ARNOLPHE, s'en allant tout transporté
et ne pouvant parler.

Oh !

ORONTE

D'où vient qu'il s'enfuit sans rien dire ?

HORACE

Ah ! mon père,

1765 Vous saurez pleinement ce surprenant mystère.
Le hasard en ces lieux avait exécuté
Ce que votre sagesse avait prémédité.
J'étais, par les doux nœuds d'une ardeur mutuelle,
Engagé de parole avecque cette belle ;
1770 Et c'est elle, en un mot, que vous venez chercher,
Et pour qui mon refus a pensé[1] vous fâcher.

ENRIQUE

Je n'en ai point douté d'abord que je l'ai vue,
Et mon âme depuis n'a cessé d'être émue.
Ah ! ma fille, je cède à des transports si doux.

CHRYSALDE

1775 J'en ferais de bon cœur, mon frère, autant que vous,
Mais ces lieux et cela ne s'accommodent guères.
Allons dans la maison débrouiller ces mystères,
Payer à notre ami ses soins officieux[2],
Et rendre grâce au Ciel, qui fait tout pour le mieux.

J. B. P. Molière

---

1. *A pensé :* a manqué ; a été sur le point de.
2. *Officieux :* obligeants (ironique).

Acte V Scènes 7, 8 et 9

« JE SAIS CE QUE JE FAIS... »

1. Un dernier stratagème vient à l'esprit d'Arnolphe à la faveur du quiproquo qui est maintenu jusqu'à la fin. Le dénouement s'annonce : Arnolphe peut encore croire que sa victoire est proche.
Commentez l'ultime ressource trouvée par Molière pour maintenir le « suspense » jusqu'au bout : le mariage arrangé par l'arrivée des pères (Oronte-Enrique).

2. Montrez la hâte avec laquelle Arnolphe se précipite à sa ruine.

3. Par quel effet Molière donne-t-il en un seul vers (v. 1701) un portrait en raccourci d'Arnolphe ? Dans le domaine des arts graphiques, à quel type de dessin pourrait correspondre cette réplique ?

4. Commentez le ton des vers 1710-1713 et 1716-1717.

RETOUR DU PÈRE PRODIGUE...

5. Le duo de Chrysalde et d'Oronte : montrez-en la régularité méthodique (rythme, vocabulaire, etc.) qui consomme jusqu'au dernier degré la défaite et le désastre d'Arnolphe. Quel est l'effet produit par cette mécanique implacable ?

6. Pourquoi le récit romanesque qui conte l'enfance d'Agnès est-il réparti entre deux personnages ? Cette histoire vous paraît-elle vraisemblable ?

7. Tous les personnages sont présents dans la dernière scène. Pourquoi ?
Que pensez-vous du dénouement ? Montrez-en l'évolution et les différentes étapes. Comparez-le à d'autres dénouements du théâtre de Molière.

QUESTIONS SUR L'ENSEMBLE DE L'ACTE V

1. Étudiez la progression dramatique de l'ensemble de l'acte en vous référant toujours au texte.

2. Alors que les « coups de théâtre » successifs pourraient lasser le spectateur, il n'en est rien. Comment Molière parvient-il, selon vous, à renouveler constamment l'intérêt ?

3. Relevez précisément les variations de rythme et de tempo d'une scène à l'autre. Ne peut-on pas y voir une sorte de construction musicale ? Molière n'aurait-il pas pu faire de ce dernier acte un acte de comédie-ballet ? Selon vous, quels passages pourraient être chantés ? dansés ? Citez-les précisément.

4. Quels sont les procédés utilisés par Molière pour passer d'une situation extrêmement conflictuelle, apparemment bloquée, à l'heureux dénouement ? Quel rôle tient Enrique dans l'acte V ? dans la pièce ? Et Chrysalde (on remarquera que c'est à lui que reviennent la première et la dernière réplique de la pièce) ?

5. Ce dénouement est-il parfaitement heureux ? Règle-t-il tous les problèmes soulevés au cours de la pièce ? Que pensez-vous de l'éviction d'Arnolphe dans la dernière scène ? Est-il exclu par les autres ou s'exclut-il lui-même ? Pensez-vous que Molière s'est contenté de « punir le méchant » ? Sa démarche est-elle plus subtile ? Justifiez votre opinion en vous référant aux trois dernières scènes.

Documentation thématique

Couvent et mariage : deux modes de domination ?

« ... Ainsi qu'une novice
Par cœur dans le couvent doit savoir son office,
Entrant au mariage, il en faut faire autant. » (III, 2)

Arnolphe a fait élever Agnès au couvent afin de la rendre sotte à souhait et menace de l'y renvoyer lorsqu'elle tente de lui désobéir. Jusqu'au début du XXᵉ siècle, le couvent est souvent présent à l'horizon des personnages féminins. Généralement, les jeunes filles de bonne famille y apprenaient la soumission nécessaire en vue de leur futur mariage. Pour certaines qu'on ne pouvait doter et, donc, marier, le couvent fut un lieu d'enfermement définitif, notamment aux XVIIᵉ et XVIIIᵉ siècles.

Des vocations forcées

Victimes de leurs familles (qui ne faisaient rien d'autre qu'être en accord avec les usages de leur temps), ces religieuses malgré elles subirent, pour la plupart, leur sort en silence. Quelques voix, cependant, s'élèvent pour crier leur révolte et dénoncer l'iniquité et la fausseté d'un statut en total désaccord avec la nature.

Le fol amour d'une religieuse

Les *Lettres de la religieuse portugaise*, œuvre anonyme attribuée à Guilleragues, parurent à Paris en 1669. Le roman épistolaire était alors très en vogue, et cette œuvre connut un succès considérable pour la qualité de son style et l'audace du récit.

Éprise d'un officier français, qui l'a séduite puis abandonnée, Mariana Alcoforado ne peut se résoudre à la vie du couvent et continue d'aimer passionnément celui qui restera éternellement absent.

J'envoie mille fois le jour mes soupirs vers vous, ils vous cherchent en tous lieux, et ils ne me rapportent, pour toute récompense de tant d'inquiétudes, qu'un avertissement trop sincère que me donne ma mauvaise fortune, qui a la cruauté de ne souffrir pas que je me flatte, et qui me dit à tous moments : cesse, cesse, Mariane infortunée, de te consumer vainement, et de chercher un amant que tu ne verras jamais ; qui a passé les mers pour te fuir, qui est en France au milieu des plaisirs, qui ne pense pas un seul moment à tes douleurs, et qui te dispense de tous ces transports, desquels il ne te sait aucun gré. Mais non, je ne puis me résoudre à juger si injurieusement de vous, et je suis trop intéressée à vous justifier : je ne veux point m'imaginer que vous m'avez oubliée. Ne suis-je pas assez malheureuse sans me tourmenter par de faux soupçons ? Et pourquoi ferais-je des efforts pour ne me plus souvenir de tous les soins que vous avez pris de me témoigner de l'amour ? J'ai été si charmée de tous ces soins, que je serais bien ingrate si je ne vous aimais avec les mêmes emportements que ma passion me donnait, quand je jouissais des témoignages de la vôtre. Comment se peut-il faire que les souvenirs des moments si agréables soient devenus si cruels ? et faut-il que, contre leur nature, ils ne servent qu'à tyranniser mon cœur ? Hélas ! votre dernière lettre le réduisit en un étrange état : il eut des mouvements si sensibles qu'il fit, ce semble, des efforts pour se séparer de moi, et pour vous aller trouver ; je fus si accablée de toutes ces émotions violentes, que je demeurai plus de trois heures abandonnée de tous mes sens : je me défendis de revenir à une vie que je dois perdre pour vous, puisque je ne puis la conserver pour vous ; je revis enfin, malgré moi, la lumière, je me flattais de sentir que je mourais d'amour ; et d'ailleurs j'étais bien aise de n'être plus exposée à voir mon cœur déchiré par la douleur de votre absence.

Lettres de la religieuse portugaise, Lettre I, 1669.

Des femmes enfermées « toutes vivantes »

Diderot (1713-1784) fit scandale en publiant *la Religieuse* où il dénonce les conditions de vie au couvent en racontant la révolte d'une de ces femmes séquestrées faute de dot, Marie-Suzanne Simonin. Fille d'un avocat, elle assiste au mariage de ses deux sœurs aînées. Souhaitant un sort égal, elle apprend qu'elle n'a droit à aucune fortune propre car elle est un enfant naturel. Le couvent à vie lui est donc imposé.

Marie-Suzanne Simonin, est-ce de votre plein gré et de votre libre volonté que vous êtes ici ?

Je répondis : « Non. »

— Promettez-vous à Dieu, chasteté, pauvreté, obéissance ?

J'hésitai un moment ; le prêtre attendit et je répondis :

— Non, Monsieur...

À ces mots, une des sœurs laisse tomber le voile de la grille, et je vis qu'il était inutile de continuer. Les religieuses m'entourèrent, m'accablèrent de reproches ; je les écoutai sans mot dire. On me conduisit dans une cellule où l'on m'enferma sous clef. [...]

On s'occupe à nous décourager et à nous résigner toutes à notre sort par le désespoir de le changer. Il me semble pourtant que, dans un État bien gouverné, ce devrait être le contraire : entrer difficilement et en sortir facilement... Les couvents sont-ils donc si essentiels à la constitution d'un État ? Jésus-Christ a-t-il institué des moines et des religieuses ? Quel besoin a l'époux de tant de vierges folles ? Et l'espèce humaine de tant de victimes ? Ne sentira-t-on jamais la nécessité de rétrécir l'ouverture de ces gouffres où les races

150

futures vont se perdre ?... Dieu, qui a créé l'homme
sociable, approuve-t-il qu'il se renferme ? [...]

Celles qu'on trouvera les portes ouvertes, un jour,
que les hommes reviendront de l'extravagance d'enfer-
mer dans les sépulcres de jeunes créatures toutes vivantes
et que les couvents seront abolis, que le feu prendra à
la maison ; que les murs de la clôture tomberont ; que
quelqu'un les secourra. Toutes ces suppositions roulent
par la tête.

Diderot, la Religieuse, 1760.

Épouse... et non femme

Bien après Molière, des écrivains critiquent une éducation
prétendument pieuse qui, en fait, livre les jeunes filles ignorantes
et soumises à des mariages excluant tout épanouissement, à
l'annihilation systématique de la personnalité féminine. Ils y
voient, à terme, la désagrégation de la famille elle-même.

Par l'actuelle éducation des jeunes filles, qui est le fruit
du hasard et du plus sot orgueil, nous laissons oisives
chez elles les facultés les plus brillantes et les plus
riches en bonheur pour elles-mêmes et pour nous. Mais
quel est l'homme prudent qui ne se soit écrié au moins
une fois en sa vie :

Une femme en sait toujours assez,
Quand la capacité de son esprit se hausse
À connaître un pourpoint d'avec un haut-de-chausse.

Les Femmes savantes, acte II, scène 7.

À Paris, la première louange pour une jeune fille à
marier est cette phrase : Elle a beaucoup de douceur
dans le caractère ; et, par habitude moutonne, rien ne
fait plus d'effet sur les sots épouseurs. Voyez-les deux
ans après, déjeunant tête à tête avec leur femme par
un temps sombre, la casquette sur la tête et entourés
de trois grands laquais. [...]

Si nous l'osions, nous donnerions aux jeunes filles une éducation d'esclave, la preuve en est qu'elles ne savent d'utile que ce que nous ne voulons pas leur apprendre.

Mais ce peu d'éducation qu'elles accrochent par malheur, elles le tournent contre nous, diraient certains maris. — Sans doute, et Napoléon aussi avait raison de ne pas donner des armes à la garde nationale, et les ultras aussi ont raison de proscrire l'enseignement mutuel ; armez un homme et puis continuez à l'opprimer, et vous verrez qu'il sera assez pervers pour tourner, s'il le peut, ses armes contre vous.

Même quand il nous serait loisible d'élever les jeunes filles en idiotes avec des *Ave Maria* et des chansons lubriques comme dans les couvents de 1770, il y aurait encore plusieurs petites objections :

1° En cas de mort du mari elles sont appelées à gouverner la jeune famille.

2° Comme mères, elles donnent aux enfants mâles, aux jeunes tyrans futurs, la première éducation, celle qui forme le caractère, celle qui plie l'âme à *chercher le bonheur par telle route plutôt que par telle autre*, ce qui est toujours une affaire faite à quatre ou cinq ans.

3° Malgré tout notre orgueil, dans nos petites affaires intérieures, celles dont surtout dépend notre bonheur, parce qu'en l'absence des passions le bonheur est fondé sur l'absence des petites vexations de tous les jours, les conseils de la compagne nécessaire de notre vie ont la plus grande influence ; non pas que nous voulions lui accorder la moindre influence, mais c'est qu'elle répète les mêmes choses vingt ans de suite ; et où est l'âme qui ait la vigueur romaine de résister à la même idée répétée pendant toute une vie ? Le monde est plein de maris qui se laissent mener ; mais c'est par faiblesse et non par sentiment de justice et d'égalité. Comme ils accordent par force, on est toujours tenté d'abuser, et il est quelquefois nécessaire d'abuser pour conserver.

4° Enfin, en amour, à cette époque qui, dans les pays du midi, comprend souvent douze ou quinze années, et les plus belles de la vie, notre bonheur est en entier entre les mains de la femme que nous aimons. Un moment d'orgueil déplacé peut nous rendre à jamais malheureux, et comment un esclave transporté sur le trône ne serait-il pas tenté d'abuser du pouvoir ? De là, les fausses délicatesses et l'orgueil féminin. Rien de plus inutile que ces représentations ; les hommes sont *despotes*, et voyez quels cas font d'autres despotes des conseils les plus sensés ; l'homme qui peut tout ne goûte qu'un seul genre d'avis, ceux qui lui enseignent à augmenter son pouvoir. [...]

Si une telle révolution demande plusieurs siècles, c'est que par un hasard bien funeste toutes les premières expériences doivent nécessairement contredire la vérité. Éclairez l'esprit d'une jeune fille, formez son caractère, donnez-lui enfin une bonne éducation dans le vrai sens du mot, s'apercevant tôt ou tard de sa supériorité sur les autres femmes, elle devient pédante, c'est-à-dire l'être le plus désagréable et le plus dégradé qui existe au monde. Il n'est aucun de nous qui ne préférât, pour passer la vie avec elle, une servante à une femme savante.

Plantez un jeune arbre au milieu d'une épaisse forêt, privé d'air et de soleil par ses voisins, ses feuilles seront étiolées, il prendra une forme élancée et ridicule qui *n'est pas celle de la nature*. Il faut planter à la fois toute la forêt. [...]

Des pédants nous répètent depuis deux mille ans que les femmes ont l'esprit plus vif et les hommes plus de solidité ; que les femmes ont plus de délicatesse dans les idées, et les hommes plus de force d'attention. Un badaud de Paris qui se promenait autrefois dans les jardins de Versailles concluait aussi de tout ce qu'il voyait que les arbres naissent taillés.

J'avouerai que les petites filles ont moins de force physique que les petits garçons : cela est concluant pour l'esprit, car l'on sait que Voltaire et d'Alembert étaient les premiers hommes de leur siècle pour donner un coup de poing. On convient qu'une petite fille de dix ans a vingt fois plus de finesse qu'un petit polisson du même âge. Pourquoi à vingt ans est-elle une grande idiote, gauche, timide et ayant peur d'une araignée et le polisson un homme d'esprit ?

Les femmes ne savent que ce que nous ne voulons pas leur apprendre, que ce qu'elles lisent dans l'expérience de la vie. De là l'extrême désavantage pour elles de naître dans une famille très riche ; au lieu d'être en contact avec des êtres *naturels* à leur égard, elles se trouvent environnées de femmes de chambre ou de dames de compagnie déjà corrompues et étiolées par la richesse. Rien de bête comme un prince.

Les jeunes filles se sentant esclaves ont de bonne heure les yeux ouverts ; elles voient tout, mais sont trop ignorantes pour voir bien. Une femme de trente ans, en France, n'a pas les connaissances acquises d'un petit garçon de quinze ans ; une femme de cinquante la raison d'un homme de vingt-cinq. Voyez Mme de Sévigné admirant les actions les plus absurdes de Louis XIV. [...]

Sous un vain prétexte de décence, l'on n'apprend rien aux jeunes filles qui puisse les guider dans les circonstances qu'elles rencontreront dans la vie ; on fait plus, on leur cache, on leur nie ces circonstances afin d'ajouter à leur force : 1° l'effet de la surprise, 2° l'effet de la défiance rejetée sur toute l'éducation comme ayant été menteuse. Je soutiens qu'on doit parler de l'amour à des jeunes filles bien élevées. [...]

L'éducation actuelle des femmes étant peut-être la plus plaisante absurdité de l'Europe moderne, moins elles ont d'éducation proprement dite, et plus elles valent.

Stendhal, *De l'amour*,
« De l'éducation des femmes »,
« Objections contre l'éducation des femmes », 1822.

Rien n'est plus négligé ou plus inconsidérément dirigé que l'éducation des femmes. Que veut-on ? Je doute qu'on le sache bien. Que doit-on vouloir selon la raison ? Que doit-on faire selon le préjugé ? Dans l'impossibilité d'accorder ces deux puissances irréconciliables, on laisse tout au hasard : on ne donne point d'armes aux caractères forts que la lutte ennoblirait ; on livre les faibles sans défense à toutes les vicissitudes de la destinée. Seulement on est tombé d'accord pour exiger de toutes les femmes, systématiquement, aveuglément, sans égard aux radicales dissemblances de nature, deux vertus négatives, la chasteté et la résignation, moyennant quoi on les tient quitte du reste. Mais, comme nulle vertu ne se peut soutenir seule, sans l'assistance des autres et surtout sans l'acquiescement de la raison, il advient que chez la plupart la résignation tourne en hypocrisie, la chasteté en hauteur acariâtre, et qu'en pensant assurer la tranquillité des familles, on y a jeté un ferment de désunion, de trouble et de malheur.

Marie d'Agoult, *Essai sur la liberté considérée comme principe et fin de l'activité humaine*, 1847.

— Réponds-moi, Consuelo ; je suis un vieillard au bord de la tombe, et toi un enfant. Je suis ici comme ton père, comme ton confesseur. Je ne puis alarmer ta pudeur par cette question délicate, et j'espère que tu y répondras avec courage. Dans l'amitié enthousiaste qu'Albert t'inspirait, n'y a-t-il pas toujours eu une secrète et insurmontable terreur à l'idée de ses caresses ?

— C'est la vérité, répondit Consuelo en rougissant. Cette idée n'était pas mêlée ordinairement à celle de son amour, elle y semblait étrangère ; mais quand elle se présentait, le froid de la mort passait dans mes veines.

— Et le souffle de l'homme que tu connais sous le nom de Liverani t'a donné le feu de la vie ?

— C'est encore la vérité. Mais de tels instincts ne

doivent-ils pas être étouffés par notre volonté ?
— De quel droit ? Dieu te les a-t-il suggérés pour rien ? t'a-t-il autorisée à abjurer ton sexe, à prononcer dans le mariage le vœu de virginité, ou celui plus affreux et plus dégradant encore du servage ? La passivité de l'esclavage a quelque chose qui ressemble à la froideur et à l'abrutissement de la prostitution. Est-il dans les desseins de Dieu qu'un être tel que toi soit dégradé à ce point ? Malheur aux enfants qui naissent de telles unions ! Dieu leur inflige quelque disgrâce, une organisation incomplète, délirante ou stupide. Ils portent le sceau de la désobéissance. Ils n'appartiennent pas entièrement à l'humanité, car ils n'ont pas été conçus selon la loi de l'humanité qui veut une réciprocité d'ardeur, une communauté d'aspirations entre l'homme et la femme. Là où cette réciprocité n'existe pas, il n'y a pas d'égalité ; et là où l'égalité est brisée, il n'y a pas d'union réelle. Sois donc certaine que Dieu, loin de commander de pareils sacrifices à ton sexe, les repousse et lui dénie le droit de les faire. Ce suicide-là est aussi coupable et plus lâche encore que le renoncement à la vie. Le vœu de virginité est anti-humain et anti-social ; mais l'abnégation sans l'amour est quelque chose de monstrueux dans ce sens-là. [...]

Quoi que de cyniques philosophes aient pu dire sur la condition passive de l'espèce féminine dans l'ordre de la nature, ce qui distinguera toujours la compagne de l'homme de celle de la brute, ce sera le discernement dans l'amour et le droit de choisir. La vanité et la cupidité font de la plupart des mariages une prostitution jurée.

George Sand,
Consuelo, 1842.

Ma mère était née à Verdun, dans une pieuse et riche famille bourgeoise ; son père, un banquier, avait fait ses études chez les jésuites ; sa mère, dans un couvent. Françoise avait un frère et une sœur plus jeunes qu'elle.

Dévouée corps et âme à son mari, bonne-maman ne témoignait à ses enfants qu'une affection distante ; et c'était Lili, la benjamine, que préférait bon-papa ; maman souffrit de leur froideur. Demi-pensionnaire au couvent des Oiseaux, elle trouva des consolations dans la chaleureuse estime dont l'entourèrent les religieuses ; elle se jeta dans l'étude et dans la dévotion ; passé son brevet élémentaire, elle perfectionna sa culture sous la direction d'une mère supérieure. D'autres déceptions attristèrent son adolescence. Enfance et jeunesse lui laissèrent au cœur un ressentiment qui ne se calma jamais tout à fait. À vingt ans, engoncée dans des guimpes à baleines, habituée à réprimer ses élans et à enfouir dans le silence d'amers secrets, elle se sentait seule, et incomprise ; malgré sa beauté, elle manquait d'assurance et de gaieté. C'est sans enthousiasme qu'elle s'en alla rencontrer à Houlgate un jeune homme inconnu. Ils se plurent. Gagnée par l'exubérance de papa, forte des sentiments qu'il lui témoignait, ma mère s'épanouit. [...] Mon père jouissait à ses yeux d'un grand prestige et elle pensait que la femme doit obéir à l'homme. Mais avec Louise, avec ma sœur et moi, elle se montrait autoritaire, parfois jusqu'à l'emportement. Si un de ses intimes la contrariait ou l'offensait, elle réagissait souvent par la colère et par de violents éclats de franchise. En société cependant, elle demeura toujours timide. Brusquement transplantée dans un cercle très différent de son entourage provincial, elle ne s'y adapta pas sans effort. Sa jeunesse, son inexpérience, son amour pour mon père la rendaient vulnérable ; elle redoutait les critiques et, pour les éviter, mit tous ses soins à « faire comme tout le monde ». Son nouveau milieu ne respectait qu'à demi la morale des Oiseaux. Elle ne voulut pas passer pour bégueule, et elle renonça à juger selon son propre code : elle prit le parti de se fier aux convenances.

Simone de Beauvoir,
Mémoires d'une jeune fille rangée,
Gallimard, 1958.

Index
des principaux thèmes
de *l'École des femmes*

Annexes

À l'origine de *l'École des femmes*

Les sources

La première source de *l'École des femmes* est sans aucun doute *la Précaution inutile*, nouvelle de Maria de Zayas y Sotomayor (1590-1661) traduite par Scarron en 1661. Elle relate les mésaventures d'un homme déjà mûr sur le point de se marier quand sa fiancée met au monde une fille, Laure, qui n'est pas de lui. Il rompt évidemment ses fiançailles, mais décide d'élever l'enfant selon ses principes pour pouvoir l'épouser plus tard. Lorsque Laure a quatre ans, il la met au couvent, puis il la fait garder par des serviteurs niais, et se marie avec elle lorsqu'elle est assez grande. Mais un jour, le mari étant absent, un galant aperçoit Laure sur son balcon et parvient à entrer dans la maison. Laure raconte tout à son époux quand il est de retour. Celui-ci se rend compte que toutes ses précautions ont été inutiles.

On trouve le thème de l'amant se confiant imprudemment au mari dans *les Nuits facétieuses*, recueil de contes et de fables populaires, adaptés par Straparola (fin du XVe siècle-1557).

Les thèmes de la précaution inutile et de la transfiguration par l'amour étaient très présents dans la littérature à l'époque de Molière. Montfleury (1639-1685) avait déjà écrit une comédie, elle aussi intitulée *la Précaution inutile*. Thomas Corneille, dans *le Galant doublé*, s'était lui-même inspiré de la *Dama Boba*, « la Sotte », de Lope de Vega (1562-1635), et de *l'Hombre pobre todo es trazas*, « Un homme pauvre est tout en apparence », de Calderón (1600-1681). Enfin, Boisrobert (1592-1662) avait adapté *le Comble de l'impossible* de Lope de Vega dans *la Folle Gageuse*.

Des auteurs anciens, Plaute (254-184 av. J.-C.) et saint Grégoire de Nazianze (330-390), ont peut-être inspiré les « Maximes du mariage ».

L'École des femmes bénéficie aussi de la tradition de la farce, de la commedia dell'arte et du fabliau. Horace tient son nom d'Horatio, jeune premier de la comédie italienne ; quant aux plaisanteries sur les cornes, elles rappellent les fabliaux du Moyen Âge. Le fameux « le » (II, 5) est emprunté à une vieille chanson.

L'énumération, aussi exhaustive soit-elle, ne peut rendre compte de l'invention moliéresque. L'obsession du mariage et la peur du cocuage appartiennent à toute une tradition de théâtre et de littérature populaires, mais elles traduisent peut-être aussi les propres inquiétudes de Molière qui venait d'épouser Armande, de vingt ans sa cadette (on sait que ce mariage ne fut pas très heureux). Ne s'est-il pas moqué de lui-même en créant non seulement le personnage d'Arnolphe, mais en tenant ce rôle du barbon qui veut épouser une jeunesse ?

Points de repère historiques et sociologiques

Des travaux historiques (ceux d'Emmanuel Le Roy Ladurie, de Philippe Ariès, par exemple) permettent de reconstituer le statut des personnages. Molière s'adresse à des publics divers, de la Cour à la bourgeoisie. Les milieux sociaux que l'auteur représente ne sont pas seulement les produits de son imagination ; ils appartiennent à des univers qu'il a connus, qu'il a traversés au cours de ses voyages et de ses tournées en province. *L'École des femmes* semble, par ses personnages, s'attacher à la peinture de bourgeois provinciaux.

Le rapport de la campagne avec la ville apparaît à deux reprises : Arnolphe revient de la campagne au début de la pièce ; Agnès a été élevée par une paysanne. La maison d'Arnolphe semble située en bordure d'une agglomération urbaine d'une certaine importance puisqu'elle est considérée comme un lieu de divertissements et de plaisirs. D'après E. Le Roy Ladurie, Arnolphe « possède une métairie de quelque paroisse rurale, localisée dans le rayon de la ville dont il est citoyen ». De cette métairie, il tire son nouveau nom, « Monsieur de la Souche ». Il a pu s'acheter un « office », c'est-à-dire une charge dans la fonction publique avec juridiction, qui lui donne une certaine indépendance matérielle. Selon l'historien, la petite « cité où il étale sa modeste réussite sociale pourrait être Pézenas ou l'une de ces bourgades méridionales avec lesquelles Molière a fait amplement connaissance durant ses voyages de jeune comédien ».

Cette situation géographique pourrait faire comprendre l'atmosphère chaude et sensuelle de certains vers, qui évoquent davantage les platanes et les jardins du Languedoc que la sévérité des rues et des places parisiennes. C'est ce que certains décorateurs (tel Christian Bérard) et metteurs en scène ont bien compris en mettant en valeur le jardin, et le calme de la province.

Agnès vit à une époque où les enfants étaient généralement mis en nourrice à la campagne, élevés loin de leur mère et de leur famille. Ils retrouvaient au sevrage ou, plus tard, à l'adolescence, leur milieu d'origine. Fille d'une union illégitime, Agnès a ainsi été cachée à la campagne par son père. L'analphabétisme de la famille nourricière est courante à cette époque. Le couvent, qui accueille ensuite Agnès, ne lui donne que les prémices d'une éducation fort succincte.

La querelle de *l'École des femmes*

Chronologie des principaux événements

26 décembre 1662 : représentation de *l'École des femmes*.
9 mars 1663 : Molière, qui a reçu une pension de 1 000 livres en qualité de « bel esprit », adresse au roi un « Remercîment » où il poursuit la satire des marquis.
17 mars 1663 : Molière publie *l'École des femmes* avec une préface.
1er juin 1663 : représentation de *la Critique de l'École des femmes*.
14 octobre : représentation de *l'Impromptu de Versailles*.

Principales interventions favorables à Molière	Principales interventions défavorables
Boileau : *Stances sur l'École des femmes* (1er janvier 1663).	Donneau de Visé : *Nouvelles nouvelles* (5 février 1663). *Zélinde, ou la Véritable Critique de l'École des femmes* (4 août 1663). *Réponse à l'Impromptu de Versailles ou la Vengeance des marquis*, accompagnée d'une *Lettre sur les affaires du théâtre* (automne 1663).
Chevalier : *les Amours de Calatin* (févr. 1664).	Boursault : *le Portrait du peintre, ou la Contre-Critique de l'École des femmes* (automne 1663).
Ph. de la Croix : *la Guerre comique, ou la Défense de l'École des femmes* (17 mars 1664).	Montfleury fils : *l'Impromptu de l'Hôtel de Condé* (automne 1663).

D'abord un succès

L'École des femmes n'est apparemment pas une pièce polémique. Elle semble reprendre le thème de *l'École des maris*, présentée dix-huit mois plus tôt avec succès et sans incident. La nouvelle pièce est consacrée à l'éducation, mais insiste davantage sur celle des jeunes filles.

« Tous ceux qui l'ont vue, déclare Donneau de Visé, sont demeurés d'accord qu'elle est mal nommée et que c'est plutôt *l'École des maris* que *l'École des femmes*. Mais comme il [Molière] en a déjà fait une sous ce titre, il n'a pu lui donner le même nom » *(Nouvelles nouvelles)*. Si la formule est quelque peu exagérée, on peut néanmoins convenir qu'Arnolphe est, en fait, le véritable élève de *l'École des femmes*. Par ailleurs, plusieurs contemporains jugent qu'Arnolphe et Agnès sont quasiment une reprise des personnages de Sganarelle et Isabelle dans *l'École des maris*, à cela près qu'Agnès serait encore plus sotte qu'Isabelle.

Pourtant, ajoute Donneau de Visé, « cette pièce a produit des effets tout nouveaux, tout le monde l'a trouvée méchante et tout le monde y a couru ». Après *les Précieuses ridicules* en 1659, *l'École des femmes* est un grand succès de Molière, immédiatement relayé (ou entretenu) par une polémique. Dès la première représentation, La Grange (comédien de la troupe de Molière) note sur son registre une recette de 1 518 livres ; la moyenne des recettes, pour les vingt premières représentations, reste supérieure à 1 000 livres. *L'École des femmes* est jouée 98 fois du vivant de Molière. Seuls *Sganarelle, l'École des maris* et *les Fâcheux* dépassent ce score.

La gazette *la Muse historique* confirme ce succès, tant auprès du roi, qui gratifia alors Molière d'une pension, au titre « d'excellent poète comique », que du grand public. Le 13 janvier 1663, Loret écrit :

> On joue *l'École des femmes*
> Qui fait rire leurs majestés
> Jusqu'à s'en tenir les côtés
> Pièce qu'en tous lieux on fronde,
> Mais où pourtant va tant de monde

> Que jamais sujet important
> Pour le voir n'en attire tant.

Boileau, alors âgé de 26 ans, dans ses *Stances à Monsieur de Molière sur sa comédie de l'École des femmes*, va même jusqu'à imputer la polémique au seul succès de la pièce :

> En vain mille jaloux esprits,
> Molière, osent avec mépris
> Censurer ton plus bel ouvrage...
> Laisse gronder les envieux
> Ils ont beau crier en tous lieux
> Qu'en vain tu charmes le vulgaire,
> Que tes vers n'ont rien de plaisant ;
> Si tu savais un peu moins plaire
> Tu ne leur déplairais pas tant.

À qui Molière déplaît-il tant ?

Les jalousies ne sont, en effet, pas étrangères à la querelle de *l'École des femmes*. Les comédiens de l'Hôtel de Bourgogne et ceux du Marais, solidaires de Pierre Corneille, réagirent vivement à la parodie que fit Molière du vers de *Sertorius* (v. 1867-68) en le reproduisant tel quel dans sa comédie (v. 642) :

> « C'est assez.
> Je suis maître, je parle : allez, obéissez. »

La pièce de Corneille ayant été jouée en février 1662, ses vers devaient encore être présents à l'esprit du public, et la caricature n'en fut que plus évidente. Or, d'après l'abbé d'Aubignac (1604-1676), Pierre Corneille à cette époque « se rongeait de chagrin » de voir les jeunes auteurs railler son style. Par ailleurs, le tragique n'a sans doute pas apprécié non plus l'allusion à « l'anoblissement » de son frère Thomas qui se faisait appeler Corneille de l'Isle (voir les v. 175-182).

Enfin, « il m'a pris le... » (v. 572) et « la femme est le potage de l'homme... » (v. 436) ont bien du mal à passer auprès des prudes et des dévots. Ceux-ci prétendent que les sermons d'Arnolphe se moquent des homélies sacrées et des mystères de la religion. Enfin, les « Maximes du mariage » seraient une insupportable parodie des dix commandements. Pour la première fois, Molière est accusé d'irréligion, et la querelle de *l'École des femmes* n'est peut-être, de ce point de vue, que le premier acte d'une cabale qui ne s'achèvera qu'avec la querelle du *Tartuffe*. Quoi qu'il en soit, la querelle de *l'École des femmes* marque le coup d'envoi d'une longue guerre contre les comédies de Molière. En témoigne le jugement du prince de Conti :

> Or il faut avouer de bonne foi que la comédie moderne est exempte d'idolâtrie et de superstition ; mais il faut qu'on convienne aussi qu'elle n'est pas exempte d'impureté, qu'au contraire de cette honnêteté apparente, qui avait été depuis quelques années le prétexte des approbations mal fondées qu'on donnait à la comédie, elle commence présentement à céder à une immodestie ouverte et sans ménagement, et qu'il n'y a par exemple rien de plus scandaleux que la cinquième scène du second acte de *l'École des femmes*.
>
> *Traité de la comédie*, 1666.

Les précieuses reprochent également à Molière d'être grossier envers les femmes et de traiter de l'amour d'une façon vulgaire.

Les critiques d'ordre strictement littéraire fusent : « C'est le sujet le plus mal conduit qui fut jamais, écrit Donneau de Visé, et je suis prêt à soutenir qu'il n'y a point de scène où l'on ne puisse faire voir une infinité de fautes. »

La réponse de Molière

Molière contre-attaque en écrivant deux comédies : *la Critique de l'École des femmes* et *l'Impromptu de Versailles*.

La première fut jouée pour la première fois le 1er juin 1663. Peu auparavant, l'abbé Du Buisson avait écrit une dissertation sous forme de dialogue en l'honneur de Molière. Celui-ci la jugea trop flatteuse, mais il reprit l'idée de se défendre en créant une œuvre (voir la Préface p. 26) qu'il dédie habilement à la reine mère, connue pour ses protections à l'égard des dévots et des comédiens concurrents de la troupe de Molière. *La Critique de l'École des femmes* relate une conversation de salon. Marquis, précieuses et pédants lancent contre *l'École des femmes* des critiques à la fois littéraires et morales : la pièce ne répond pas aux règles du théâtre classique, elle fait rire le parterre et non les galeries, elle porte atteinte à la tragédie dont elle détourne le public, enfin elle multiplie les plaisanteries de mauvais goût sur la noblesse, le mariage et les femmes. Face à ces frondeurs, s'érige un groupe « d'honnêtes gens » : Élise, Uranie et Dorante auquel Molière prête sa voix. À chaque critique, Dorante réplique calmement et justifie chacun des passages incriminés. Il n'est pas écouté mais, à la fin de la pièce, les adversaires de *l'École des femmes* sont ridiculisés et convaincus de mauvaise foi.

La Critique connaît un vif succès qui ravive encore la querelle. Donneau de Visé réplique avec *Zélinde, ou la Véritable Critique de l'École des femmes* où Molière est caricaturé sous l'anagramme d'Élomire. Boursault publie également une comédie en vers commandée par les « grands comédiens » : *le Portrait du peintre, ou la Contre-Critique de l'École des femmes*. Le schéma y est le même que dans *la Critique de l'École des femmes*, mais inversé : c'est Molière qui est ridiculisé et ses adversaires qui ont raison.

Nouveau rebondissement : le 14 octobre 1663, Molière joue devant la Cour *l'Impromptu de Versailles* que le roi lui avait commandé. Cette comédie le montre répétant une pièce de théâtre avec sa troupe. Dans cette œuvre, Molière ne se contente plus de se défendre comme dans *la Critique*, il tourne en dérision les comédiens de l'Hôtel de Bourgogne en parodiant leur diction et leur jeu. Cette caricature vise également les pièces de Corneille. Enfin *l'Impromptu* est une satire de Boursault (Voltaire la qualifiera de « cruelle et outrée »).

Les critiques redoublent alors de violence. Boursault ajoute au *Portrait du peintre* une préface attaquant personnellement Molière. Donneau de Visé renchérit avec la *Réponse à l'Impromptu de Versailles*, où il insulte Molière et Madeleine Béjart, et avec une *Lettre sur les affaires du théâtre* en faveur des marquis.

167

Montfleury, fils d'un comédien de l'Hôtel de Bourgogne, écrit *l'Impromptu de l'Hôtel de Condé*, où il se gausse de Molière acteur de tragédie. Montfleury père l'accuse, devant le roi, d'avoir épousé sa propre fille.

Qu'importe, *l'Impromptu de Versailles* est un succès et le roi accepte d'être le parrain du premier enfant d'Armande et de Molière. Le *deus ex machina*, comme dans les pièces qui respectent la bienséance, apporte un dénouement heureux à ce feuilleton plus farcesque que tragique.

Arnolphe et Dom Juan : images antagonistes du désir

Socialement, tout sépare Arnolphe de Dom Juan (qui sera créé en 1665) : l'un est un riche bourgeois de province, l'autre un gentilhomme. Mais tous deux vivent une rupture en reniant leurs origines ; Arnolphe s'anoblit et prend le nom de Monsieur de la Souche, Dom Juan, libertin, trahit le code moral et les traditions de sa classe.

On pourrait donc être tenté de rapprocher les deux personnages, à cause de leur commune volonté de se mettre en marge de leur milieu. Mais l'un et l'autre restent ce qu'ils étaient à leur naissance : un bourgeois inculte et nourri de préjugés datant du Moyen Âge, à la fois ridicule et émouvant dans ses efforts pour accéder à la noblesse du langage et des sentiments ; un grand seigneur qui, disposant de tous les moyens (culture, éducation, pouvoir...) pour prendre ses distances avec la morale aristocratique, garde cependant les traits caractéristiques de sa condition. Car qui, au XVIIe siècle, et même plus tard, pouvait contester l'ordre sinon les nobles authentiques que l'établissement de la monarchie absolue avait tenté de réduire en une sorte de domesticité ?

Ce n'est peut-être pas un hasard, toutefois, si l'un des plus grands interprètes de Molière, le comédien et metteur en scène Louis Jouvet (1887-1951), a mis tout son talent au service de ces deux personnages.

Deux personnages en quête de femme(s)

Arnolphe et Dom Juan tendent tous deux à dominer la femme, mais le statut de chacun entraîne une stratégie et des objectifs radicalement différents.

Le barbon, dont les références culturelles appartiennent à la tradition populaire (femme = diable, d'où la terreur du cocuage et les « Maximes du mariage »), veut se marier par conformisme, parce qu'il est riche et « arrivé », tout comme le paysan du fabliau *le Vilain mire* (par ailleurs l'une des sources du *Médecin malgré lui*). Sa peur maladive d'être trompé l'oblige à la préméditation (Agnès subit son dressage dès l'âge de 4 ans) et le précipite dans un engrenage de précautions. Celles-ci s'avérant inutiles, il va jusqu'à séquestrer la jeune fille dans sa chambre à lui, alors qu'il disposait sans doute du « cabinet », pièce la plus riche et retirée de toute maison cossue au XVIIᵉ siècle. Que dire de cet épisode de la chambre ? Qu'Arnolphe, ayant enfin découvert en Agnès une femme et non plus seulement une future maîtresse de maison, une servante à ses soins dévouée et une mère pour assurer sa descendance, se réserve pour dernier recours de la forcer ? Le texte de la pièce ne permet pas de trancher. On sait cependant depuis la scène 4 de l'acte V qu'Arnolphe a brusquement découvert l'amour et qu'il désire passionnément Agnès (vers 1594-95) : « Sans cesse nuit et jour je te caresserai,

Je te bouchonnerai, baiserai, mangerai. »

Arnolphe passerait alors de la frénésie de posséder une femme comme bien économique, Agnès étant, jusqu'à l'acte V, comparable à la fameuse cassette d'Harpagon, au désir non avoué de possession sexuelle. Amoureuse d'Horace, et à cause de cela, Agnès aurait-elle donc failli être réellement prise au piège d'Arnolphe, apprenti séducteur ?

Pour Dom Juan, « l'important n'est pas la prise, mais la chasse », et voilà où gît la différence. Arnolphe s'est épuisé dans la longue traque d'une seule femme et dans sa mise en cage (13 ans au total) afin d'en obtenir une soumission éternelle qui le garantisse contre tous rivaux éventuels. Dom Juan, « épouseur à toutes mains », estime au contraire que « la constance n'est bonne que pour les ridicules ».

170

Séduire ou posséder ?

L'éphémère, générateur de recommencement et de nouveauté, est le domaine du séducteur. Car ce qui compte pour lui, ce n'est pas l'appropriation définitive d'une femme, mais le plaisir suscité par les premiers moments de la conquête : « Les inclinations naissantes, après tout, ont des charmes inexplicables, et tout le plaisir de l'amour est dans le changement. » Dom Juan ne peut donc vivre, contrairement à Arnolphe, la peur d'être dépossédé de ses conquêtes. Son pouvoir sur les femmes, d'ailleurs, n'a pas à s'imposer de force, puisqu'elles sentent qu'elles plaisent : elles se laissent séduire au point de quitter le couvent, comme Elvire, ou sont prêtes à laisser leur fiancé (Charlotte).

La présence de rivaux (Dieu ou hommes), loin d'inquiéter Dom Juan, le stimule et avive son désir. Arnolphe, habité par la peur de tout concurrent, s'est forgé une attitude assurée grâce à ce qu'il croit être une stratégie à toute épreuve. Mais cette sûreté de soi, affichée au début de la pièce, nécessite, pour se conserver, que l'objet de son intérêt ne devienne surtout pas un sujet de convoitise pour d'autres que lui. C'est que son projet, au moins jusqu'à la fin de l'acte III, n'est pas de séduire mais de dominer.

La logique du séducteur, qui est pourtant, lui aussi, un dominateur et un manipulateur expert, ne peut se comparer à celle d'Arnolphe. Dom Juan ne cesse de s'échapper : il refuse la durée, court de par le monde et change de femmes : « Je me sens un cœur à aimer toute la terre ; et, comme Alexandre, je souhaiterais qu'il y eût d'autres mondes pour pouvoir y étendre mes conquêtes amoureuses » (*Dom Juan*, I, 2). Arnolphe apparaît immobile, tout entier replié sur son domaine, sa maison qui se ferme de plus en plus contre l'extérieur et la vie réelle, et, de fait, possédé par une unique femme, produit de consommation « mitonné » de manière obsessionnelle et réservé à son seul usage. Petit il est, petit il reste, et ce n'est sans doute pas sans raisons que le donjuanisme existe dans le vocabulaire français, et pas l'« arnolphisme »... L'un est conquérant, et l'autre sur la défensive, au point de défendre qu'on vive.

Victoire de l'ordre et de la nature

Agissant en sens inverse l'un de l'autre, tous deux sont cependant acculés à la reddition (acte IV). La société des « honnêtes gens » invite Dom Juan à s'amender et à se repentir ; elle demande à Arnolphe de céder au compromis et de lâcher prise. Près d'échouer dans leurs entreprises respectives, tous deux semblent repartir à zéro au cinquième acte et pouvoir tout recommencer.

Au terme du parcours, le « Ah » final de Dom Juan brûlé d'un feu invisible et qui disparaît dans une trappe, le « Oh » terminal d'Arnolphe qui s'enfuit en courant signent la disparition qui débarrasse la société de leur présence offensante ou frustrante. Le chœur des autres personnages peut entonner, comme dans l'opéra de Mozart, l'air final : *Questo è il fin di chi fa mal*, « Telle est la fin de celui qui agit mal ». Dans l'un et l'autre cas, l'apparition et les discours des « pères » ont rétabli l'équilibre d'un monde menacé, le temps d'une pièce de théâtre.

Décor et mise en scène

Ces descriptions succinctes de quelques mises en scène de *l'École des femmes* permettent de mesurer l'évolution de l'interprétation et la liberté laissée par Molière, économe d'indications précises, aux metteurs en scène.

1662 : Théâtre du Palais-Royal. Molière : le décor montre « deux maisons sur le devant et une place de ville » (mémoire de Mahelot).

1873 : Théâtre du Gymnase. M. Montigny : « une place publique qui est en même temps un jardin, ce qui justifie ces longues conversations en plein air, et, surtout, un fauteuil qu'on apporte, afin d'y faire asseoir Arnolphe en veine de sermon ». (Francisque Sarcey : *le Temps*, 1873.)

1924 : Théâtre Édouard-VII. Décor de Jusseaume, mise en scène de Lucien Guitry : cour plantée d'arbres d'une maison d'où l'on domine une rivière en pleine campagne.

1936 : Théâtre de l'Athénée. Décor de Christian Bérard ; mise en scène de Louis Jouvet : décor acide et cru, beaucoup de blanc, quelques notes rouges ; une place cernée de galeries couvertes ; au fond, une haute maison dressée comme un pigeonnier, grande fenêtre à balcon au premier étage, et devant cette maison un jardin fermé à angle aigu par deux murs en proue. Ces murs s'ouvrent pour certaines scènes comme les branches extérieures d'un éventail. Quatre lustres à bougies suspendus entre ciel et terre rappellent qu'on est au théâtre. L'ensemble garde une apparence mi-jouet, mi-décor de carnaval (voir p. 118).

1959 : T.N.P. Décor de Claude Renard ; mise en scène de Georges Wilson : quelques arbres minces et de feuillage léger autour de la maison d'Arnolphe.

1970 : Toulouse. Décor de Bertran ; mise en scène de Maurice Sarrazin : dans un cabaret un peu démodé qui appartient peut-être à Chrysalde, Arnolphe retrouve un jeune Horace aux cheveux longs et batteur de jazz.

1973 : Comédie-Française. Décor de Jacques Le Marquet ; mise en scène de Jean-Paul Roussillon : « il y a un plateau tournant, une "tournette", qui a l'avantage de présenter non pas deux possibilités, mais trois, quatre, cinq ou six, en présentant des angles différents que nous exploitons soit pour des transitions, soit pour des scènes entières ».

1978 : Théâtre de l'Athénée. Décor de Claude Lemaire ; mise en scène d'Antoine Vitez : sur les trois surfaces qui circons-crivent la scène est peinte en rouge une architecture en trompe l'œil de style un peu pompéien, dont l'esprit est très proche de ce qui décore depuis si longtemps la scène du théâtre d'art dramatique. Fait partie intégrante du décor la salle elle-même du théâtre de l'Athénée, à l'italienne.

1989 : Théâtre national de Marseille-la Criée. Décor de Nicolas Sire ; mise en scène de Marcel Maréchal : vaste maison nue et froide, murs de granit, apparence carcérale. Des panneaux mobiles s'écartent pour permettre l'accès au jardin.

Les interprètes

Voici quelques critiques spécialisées de théâtre pour découvrir les différentes interprétations et les subtilités des personnages d'Arnolphe et d'Agnès.

Jouer Arnolphe

Lucien Guitry (théâtre Édouard-VII, 1924) : « Cet autoritaire ressent le plus profond mépris pour les hommes qui ne font pas respecter par les femmes la hiérarchie des sexes. Il sourit de pitié en les voyant s'agenouiller, s'aveugler devant leurs conjointes, devant ces créatures bizarres, inférieures ; il faut dompter cet étrange animal. Il les traite avec une ironie amère. On sent que c'est à l'épouse même du brave homme [Chrysalde] qu'il fait allusion. Sa raillerie en paraît plus féroce. Il blâme tous ceux qui sont assez fous pour ne pas maintenir à son humble rang la femme. »

Nozière, l'Avenir, 5 octobre 1924.

Louis Jouvet (théâtre de l'Athénée, 1951) : « [il] a les rires et les grimaces d'un homme nerveux mais sûr de lui ; d'un homme qui se méfie de l'univers, mais jamais de lui-même... Le mot "cocu" est pour Arnolphe un mot de triomphe. Un mot qui définit un sort commun, auquel il entend bien échapper. »

Jacques Lemarchand, le Figaro littéraire,
20 janvier 1951.

Georges Wilson (Théâtre national populaire, 1959) : « On voit ici comme un petit propriétaire à qui la moindre enclave étrangère dans son domaine porte ombrage. Arnolphe, comme ses semblables, pense rond :

arrondir son magot, ses biens, sa condition, arrondir les angles. Le rond est le signe de l'achevé et du confortable. Dernière enclave à réduire dans les domaines qui constituent tout le bien terrestre de M. de la Souche : l'épouse légitime qui finira de le poser [...]. Qu'on enlève au personnage d'Arnolphe cette vérité de la vie sociale, et qu'en restera-t-il ? Le comportement formel d'un Arnolphe dans la vie quotidienne passerait aujourd'hui la mesure. »

Georges Wilson, Bref, janvier 1959.

Jean Meyer (Comédie-Française, 1959) : « [Son Arnolphe] ne badine pas. Il est terriblement sérieux et discute de son futur mariage comme d'un bon placement. Petit bourgeois éternellement aigri, il doit être dyspepsique... »

André Rivollet, Aux écoutes, 9 octobre 1959.

Pierre Dux (Comédie-Française, 1973) : « [il] apparaît d'emblée cynique et sûr de lui. Il est "l'homme fort". Avant qu'il ne s'écroule lamentablement, il faudra qu'il prenne conscience de son amour impossible. Michel Aumont se présente comme un anxieux. Il manie sa canne comme il l'a vu faire aux petits marquis, mais sa suffisance cache mal sa naïveté. En lui, il y a du Monsieur Jourdain. »

Michel Grey, l'Aurore, 29 mai 1973.

Pierre Dux-Michel Aumont (Comédie-Française, 1973) : « À l'Arnolphe de Pierre Dux aveuglé par une réelle passion dont les moments de tendresse ou d'humanité sombrent dans le ridicule et dont la déchéance finale nous touche, Michel Aumont oppose un personnage fanatique, ne doutant pas un instant de son bon droit ni de sa vérité et dont bien des tirades, notamment celle, finale, sur l'ordre et la jeunesse, ne sont pas sans rappeler les pires harangues réactionnaires et fascisantes. Il y a, chez Pierre Dux, des lueurs d'humanité et d'espoir qu'interdit le jeu de Michel Aumont, monstre froid, finalement brisé par une loi plus forte que la sienne, celle de la famille, mais monstre jusqu'au bout. »

Frédéric Mignon, *Combat*, 31 mai 1973.

Visages d'Agnès

Suzanne Reichenberg (Comédie-Française, 1873) : « [elle] joue avec tant de naturel et de simplicité qu'on oublie presque de l'applaudir. Une portion des spectateurs ne sent les choses que lorsqu'on les souligne. Mais si la pupille d'Arnolphe soulignait sa naïveté, ce ne serait plus Agnès. »

Auguste Vitu, *le Figaro*, 2 mai 1873.

Berthe Bovy (Comédie-Française, 1922) : « Mlle Bovy étonne d'abord par ses dehors villageois. On oublie qu'Agnès a été élevée aux champs. Ce n'est point la fade petite bourgeoise à laquelle on nous a accoutumés, ce n'est pas non plus une paysanne. Mlle Bovy a situé son personnage entre les deux. »

Lucien Descaves, *l'Intransigeant*, 14 octobre 1922.

Madeleine Renaud (Comédie-Française, 1924) : « [elle] multiplie les sous-entendus, remplace la sincérité naïve d'un cœur qui s'éveille à l'amour par la préciosité d'une jeune femme qui cherche avec raffinement des plaisirs défendus. »

Émile Mas, *le Petit Bleu*, 7 août 1924.

Madeleine Ozeray (théâtre de l'Athénée, 1936) : « pâle comme un spectre, toute droite dans sa robe blanche sur le mur blanc, [elle] était bien autre chose qu'une petite fille insensible aux prières d'un barbon. Le rôle prenait un caractère d'apparition. »

Jean-Louis Vaudoyer, *les Nouvelles littéraires*, 18 mai 1936.

Dominique Blanchar (théâtre de l'Athénée, 1951) :
« [Louis Jouvet] lève la main sur Dominique Blanchar
[...]. Elle se protège du coude, et puis dit, bien en face
et courageusement, les mots les plus simples du monde :
"Oui, je l'aime... il n'a point eu de peine." Cela est
vif, franc, rapide, et le bras levé d'Arnolphe retombe,
avec un très juste mouvement de tristesse, et qui prépare
admirablement le lâche : "Je te pardonne tout et te
rends ma tendresse". »

Jacques Lemarchand, *le Figaro littéraire*,
20 janvier 1951.

Isabelle Adjani (Comédie-Française, 1973) : « Agnès est
sortie de son antre. Elle est pâle, brune, frêle... Le
"maître" procède à l'interrogatoire d'usage. La petite
fait la moue, les yeux tournés vers on ne sait quoi
qu'elle distingue parfaitement. Éthérée, diaphane, elle
répond mécaniquement aux pièges que lui tend
Arnolphe. Elle tombe dedans. Sans y attacher d'importance. Elle est ailleurs. Elle vient d'ailleurs. »

Lucien Maillard, *Comédie-Française*, avril 1973.

Isabelle Adjani (Comédie-Française, 1973) : « [elle]
éprouve pour Arnolphe-Dux une violente horreur tem-
pérée de pitié. Face à Arnolphe-Aumont, c'est une
femme qui se bat pour l'homme de son choix, impi-
toyablement. »

Michel Grey, *l'Aurore*, 29 mai 1973.

Isabelle Adjani (Comédie-Française, 1973) : « Sans jamais
être "bébête", sans jamais "jouer" les petites filles,
Isabelle Adjani est, au départ, cette fraîcheur apeurée,
avec des grâces un peu maladroites, une spontanéité
encore timide, mais qui ne demande qu'à exploser. Il
faut la voir sortir pour la "belle promenade" de sa
maison-cachot, ceinte de hauts murs, découvrant le
"dehors", émerveillée, dansante, mais en croyant encore
à peine à cette liberté... Il faut entendre son premier

récit de sa rencontre avec Horace. C'est le même émerveillement — incompréhensible — devant une aventure à quoi rien ne la préparait. »

Pierre-Bernard Marquet, *l'Éducation*, 7 juin 1973.

Tous en scène !

Mise en scène de Fernand Ledoux (Comédie-Française, 1937) : « Ce dénouement, avec ses reconnaissances arbitraires, fut longtemps critiqué et considéré comme une faiblesse. Aussi s'efforçait-on de l'escamoter. À présent, au contraire, on le développe en pleine lumière, en alignant à l'ancienne mode les comédiens face à la rampe. Oronte et Chrysalde jettent au public les charmants distiques de leur explication, et l'on s'aperçoit qu'elle constitue un délicieux morceau, preste, ailé, musical, d'un style bouffe le plus aimable du monde. »

Pierre Lièvre, *le Jour*, 1ᵉʳ janvier 1938.

Mise en scène de Marcel Maréchal (Théâtre national de Marseille-la Criée, 1989) : « Maréchal est profondément convaincant en Arnolphe ridicule et douloureux, l'homme qui reçoit la leçon. Arielle Doazan (Agnès), Jean-Paul Bordes (Horace) donnent à leurs personnages une authenticité bouleversante. Et cette vérité est aussi celle d'Alain et de Georgette. Que cette mise en scène montre les deux degrés des personnages est à souligner. Maréchal, à chaque acte, tire le rideau comme doit le faire le régisseur, et c'est bien Arnolphe, l'homme vaincu, qui s'en va par la salle, tandis que tous les autres jouent la fin de la comédie devenue conventionnelle... »

André Cabanis, *le Monde de l'éducation*, mars 1989.

La pièce et les critiques

Les maximes : langage du pouvoir

Arnolphe est malgré lui un pédagogue du libertinage :
si Agnès était innocente, c'est par ces maximes qu'elle
effectuerait l'initiation qu'on veut lui interdire. Ces
maximes de morale grossière sont en fait des maximes
de débauche, Arnolphe leur donne la valeur, le cachet
du fruit défendu.

Le deuxième aspect comique, c'est l'obsession du
cocuage : elles sont là pour enseigner la supériorité du
mari, mais elles révèlent chacune à sa manière sa crainte
et faiblesse : « le mari... est toujours celui qui paye ».
Ce que révèle la maxime à ce moment-là, c'est le désir
pour cet homme qui ne peut pas incarner le désir
d'incarner la loi. Il parle par des maximes parce qu'il
est chassé de la séduction. La loi est pour lui un pauvre
substitut : la galanterie. La maxime est le langage du
pouvoir, la forme verbale la plus intimidante, la plus
arrogante qui soit — on ne dialogue pas avec une
maxime, elle est indiscutable.

> Alain Finkielkraut, *la Sagesse de l'amour*,
> Gallimard, 1988.

Toutes les maximes sont celles d'un pouvoir qui n'aspire
qu'à être renversé — brutalement. Ce qui ressort de
ces dix commandements c'est la peur d'avoir à payer.

Philippe Sollers, *Gazette du Français*, décembre 1983.

Molière et la réalité sociale

Au lieu de nous désespérer, apercevons la lutte à mener,
lutte que l'analyse a éclairée et stimulée. Présenter, au
niveau de la fable et des personnages particuliers, un

dénouement optimiste et « triomphaliste » est possible, mais cela ne modifie pas le monde (les prémisses). Ce serait plutôt démobilisateur. Quand il le fait, pour sauvegarder la comédie, Molière a grand soin de donner un dénouement totalement artificiel et il a raison. Il nous déclare par là : pour la comédie, soit, amusons-nous, mais pour la vie, c'est autre chose. Ainsi en est-il des ébouriffantes reconnaissances qui terminent *l'École des femmes*.

R. Monod, in *Histoire littéraire de la France*,
Éditions sociales, 1975.

En réalité, ce que les contemporains sentirent, c'est que la comédie venait, avec Molière, de s'enfler d'une autre ambition, et que, pour commencer, elle venait dans *l'École des femmes* de toucher obliquement à la grande question qui divisait alors les esprits. Ils reconnurent dans *l'École des femmes* une intention qui la passait elle-même. Il leur parut enfin que ce poète franchissait les limites, qu'il étendait les droits de son art jusque sur des objets qui devaient lui demeurer étrangers, qu'il sortait insolemment de son rôle d'amuseur public.

Ferdinand Brunetière,
la Revue des Deux Mondes (1er septembre 1890).

Arnolphe, un personnage complexe

La figure d'Arnolphe dans *l'École des femmes* est sans aucun doute la plus achevée que Molière ait donnée du bourgeois amoureux. Une pièce entière lui est consacrée, et non pas une pièce quelconque. Il faudrait reproduire tout ce qu'il dit pour le montrer tour à tour croquemitaine solennel, barbon grivois, et surtout propriétaire jaloux. [...] Héritier perfectionné de plusieurs personnages déjà ébauchés par Molière, il allie, dans une proportion parfaitement égale, l'assurance et l'inquiétude qui sont les deux données, contradictoires en apparence seulement, de ce type humain. L'humiliation, au lieu d'être donnée ici dès le début comme dans *le Cocu*, ou de ne surgir qu'à la fin comme dans *l'École des maris*, s'élabore lentement, au cours d'un dépouillement progressif du caractère, qui finit par apparaître sous son véritable jour dans l'infériorité et dans l'échec. La seule obsession du cocuage trahit déjà une crainte profonde de la femme, qu'Arnolphe exprime d'ailleurs naïvement dès la première scène. Quand sa disgrâce lui a ôté progressivement son faux air de supériorité despotique, il ne reste plus de lui que rage impuissante et supplications vaines. Molière a longuement et cruellement exploré, dans les deux derniers actes, les détours de son désespoir.

Paul Bénichou,
Morales du grand siècle,
Gallimard, 1948.

Arnolphe, lui, est amoureux. Arnolphe est jaloux. Sganarelle n'est que piqué. Il agit constamment avec le sentiment de sa supériorité. Toute la comédie de *l'École des maris* est construite du point de vue de ce ridicule, aisément bafoué par des espiègleries et des machinations de théâtre. La comédie de *l'École des femmes* est construite du point de vue de l'amour débouté par cette force dure, irréductible de la jeunesse. Arnolphe n'est ni contrariant ni fâcheux comme Alceste. Plus sanguin que lui, moins nerveux, il n'entre pas en scène comme un furieux. Il parle à Chrysalde en homme sûr de son fait mais sans violence. Il nous paraît bon enfant et fort équilibré. S'il évoque la complaisance de certains maris, c'est sans aigreur et pour en rire : « C'est un homme, dit Becque, qui ne manque ni d'intelligence, ni d'esprit, ni de fort bonnes qualités. » Il aime la jeunesse. Voyez de quel air il accueille Horace et lui fait part de sa bourse. Tout ce début du premier acte est gai, coupé de rires. Parlant de son père, Horace dira :
Il est, Seigneur Arnolphe, encor plus gai que nous ...

À peine interrompue par la scène des valets et le court passage d'Agnès où se doit marquer un air un peu interdit d'Arnolphe en présence de la jeune fille, cette gaieté se propage jusqu'à la confidence d'Horace, laquelle sort de l'entrain même de la scène et de la cordialité malicieuse d'Arnolphe, avec un si adorable naturel !

Jacques Copeau, Registres II,
Gallimard, 1976.

L'éveil d'Agnès

Or, justement, Molière a donné une tout autre fin à l'ingénuité d'Agnès. Certes, il commence par en accumuler des preuves, les puces, le petit chat, les révérences, mais ces petits riens ne font que mettre en valeur la rapidité du changement qui va toucher Agnès et seul intéresse Molière. Car Agnès change. De rien, elle devient quelqu'un. Cet avènement à la vie personnelle, à la conscience de soi, est le premier échec d'Arnolphe. La nature se venge de qui a voulu la nier. Il voulait une Agnès nouvelle, elle apparaît, mais elle n'est pas son œuvre. Quelqu'un a été plus efficace que lui. Horace ? « Horace avec deux mots en ferait plus que vous. » Oui, mais ce blondin, étourdi et coureur, n'a été lui-même qu'un instrument. Il apparaît lui-même surpris et quelque peu effrayé par le changement survenu et la responsabilité dont il se voit chargé.

Alfred Simon,
Molière, une vie,
la Manufacture, 1988.

Avant ou après la lecture

Commentaires composés

1. « Chacun a sa méthode... » : I, 1, vers 123-154.
2. « Contez-moi cette histoire... » : II, 5, vers 483-502.
3. « Agnès pour m'écouter... » : III, 2, vers 675-694.

Compositions littéraires sur un sujet de réflexion

1. Commentez et discutez ce jugement porté sur Horace par Gérard Giroudon à propos de la mise en scène de Jacques Rosner. « C'est l'amour heureux contre l'amour malheureux. Je pense Horace comme un être habité par une force qui le dépasse, l'entraîne... Horace n'est pas niais. Il aime. Le monde lui appartient. »

2. « *L'École des femmes* est la pièce la plus amoureuse de Molière. » Que pensez-vous de ce jugement de la comédienne Béatrix Dussane ?

3. Dans quelle mesure peut-on dire qu'il y a dans *l'École des femmes* éclosion et contagion de l'amour ?

4. « Le personnage comique est toute volonté. Son vouloir s'affirme absolument sans égard aux conditions de la vie, et la punition comique consiste à montrer que l'homme qui se croit le plus libre et le plus volontaire n'est que le jouet des forces naturelles. Aussi le héros comique, vers 1660, était-il naturellement la caricature du héros cornélien. »
Commentez et discutez ce jugement de Ramon Fernandez en l'appliquant au personnage d'Arnolphe.

Bibliographie, filmographie

Édition
L'édition la plus complète est celle de Georges Couton dans la Bibliothèque de la Pléiade (Gallimard, 1971, vol. 1).

Molière, son œuvre
Antoine Adam, *Histoire de la littérature française au XVIIe siècle*, tome III, Éditions mondiales, 1974.
Paul Bénichou, *Morales du grand siècle*, Gallimard (1948), « Folio Essais », 1988.
Georges Bordonove, *Molière génial et familier*, Laffont, 1967.
René Bray, *Molière, homme de théâtre*, Mercure de France, 1954 (nouvelle éd. 1963).
Gabriel Conesa, *le Dialogue moliéresque*, P.U.F., 1983.
Jacques Guicharnaud, *Molière, une aventure théâtrale*, N.R.F., Gallimard, 1963.
Marcel Gutwirth, *Molière ou l'invention comique, la métamorphose des types*, Minard, 1966.
René Jasinski, *Molière*, Hatier, « Connaissance des lettres », 1969.
Charles Mauron, *Psychocritique du genre comique*, José Corti, 3e éd. 1985.
Georges Mongrédien, *la Querelle de l'École des femmes*, recueil de tous les pamphlets écrits à propos de la pièce, 2 vol., Didier, 1971.
Jacques Scherer, *la Dramaturgie classique en France*, Nizet, 1986.
Jacques Truchet, *Thématique de Molière*, SEDES, 1985.

Films
La mise en scène de Jean-Paul Roussillon, avec Isabelle Adjani, existe en vidéocassette.
Ariane Mnouchkine, *Molière*, 1978.
Pour approfondir la documentation thématique, on pourra voir, de Jacques Rivette, *la Religieuse*, 1966.

Petit dictionnaire pour lire *l'École des femmes*

acte *(n. m.)* : chacune des grandes divisions d'une pièce de théâtre (subdivisée en scènes).

action *(n. f.)* : ensemble des événements de la pièce de théâtre, considérés dans leur progression.

alexandrin *(n. m.)* : vers de douze syllabes, avec césure à la sixième syllabe. Il se prête particulièrement aux effets de symétrie, de parallèle, ou d'opposition.
Ex. : « Le jour n'est pas plus pur que le fond de mon cœur » (Racine, *Phèdre*, IV, 2).

allitération *(n. f.)* : répétition des consonnes initiales (et par extension des consonnes intérieures) dans une suite de mots rapprochés.

anacoluthe *(n. f.)* : rupture de construction syntaxique.

anaphore *(n. f.)* : procédé qui consiste dans la répétition du même mot en tête de phrases ou de membres de phrases qui se suivent.

antiphrase *(n. f.)* : emploi d'une expression dans un sens contraire à son véritable sens.

antithèse *(n. f.)* : opposition de deux idées, de deux expressions rapprochées dans le discours pour en mieux faire ressortir le contraste.

aparté *(n. m.)* : texte qu'un personnage dit pour lui-même devant d'autres qui sont censés ne pas l'entendre.

apologie *(n. f.)* : discours écrit pour défendre ou justifier quelqu'un ou quelque chose.

archaïsme *(n. m.)* : expression, mot, tournure qui n'est plus en usage.

assonance *(n. f.)* : répétition du même son vocalique, en poésie.

bienséance *(n. f.)* : règle du théâtre classique : convenance, correction, décence, délicatesse, honnêteté, etc.

burlesque : 1. *(adj.)* qui est d'un comique outré, extravagant. 2. *(n. m.)* genre littéraire ou style, dont le comique provient du contraste entre le style familier, trivial et le sujet noble, héroïque. S'oppose au genre héroï-comique.

césure *(n. f.)* : pause, coupure rythmique à l'intérieur d'un vers. La césure sépare le vers en deux hémistiches. Elle se fait après la sixième syllabe dans l'alexandrin.

comédie de caractère : comédie insistant sur l'aspect psychologique des personnages.

comédie d'intrigue : comédie comprenant une multiplicité d'incidents variés.

comédie de mœurs : comédie dépeignant la manière de vivre propre à une époque, à une société, à un groupe.

comique de situation : comique provoqué par la position où se trouve un personnage, par rapport à un ou plusieurs autres.

coup de théâtre : événement inattendu qui change radicalement le cours de l'action.

dénouement *(n. m.)* : partie finale d'une pièce qui en résout l'intrigue.

diérèse *(n. f.)* : prononciation en deux syllabes de deux voyelles généralement prononcées en une. Les diérèses sont courantes dans les vers pour obtenir le nombre de syllabes voulu.
Ex. : « Où l'on ait des maris si pati-ents qu'ici » (v. 22).

distique *(n. m.)* : groupe de deux vers formant un sens complet. Ex. : « Mais comment voulez-vous, après tout, qu'une bête Puisse jamais savoir ce que c'est qu'être honnête ? » (v. 107-108).

drame *(n. m.)* : 1. genre théâtral, toute pièce de théâtre. 2. pièce de théâtre d'un ton moins élevé que la tragédie, développant une action grave, douloureuse ou violente.

élevé *(adj.)* : à propos du style qui cherche à produire une impression de grandeur par la qualité des idées et la beauté de la forme.

emphase *(n. f.)* : énergie outrée et choquante dans l'expression, le ton, le geste ; exagération, affectation.

épisode *(n. m.)* : au théâtre, action accessoire rattachée plus ou moins à l'action principale.

équivoque *(n. f.)* : emploi d'un mot à double sens.

esthétique *(n. f.)* : conception du beau ; ensemble de principes, de critères qui servent à définir le beau.

exposition *(n. f.)* : introduction d'une pièce de théâtre, qui en définit le sujet, présente les personnages, précise le temps et le lieu de l'action.

fabliau *(n. m.)* : court récit médiéval, en vers mais d'origine populaire, souvent satirique ou édifiant.

farce *(n. f.)* : petite pièce de théâtre bouffonne, destinée à faire rire.

fiction *(n. f.)* : création de l'imagination.

genre *(n. m.)* : catégorie d'œuvres littéraires ou artistiques de même nature.

grotesque *(adj.)* : risible par son extravagance.

hémistiche *(n. m.)* : chaque partie d'un vers déterminée par la césure. L'alexandrin se divise en deux hémistiches de six syllabes chacun.

héroï-comique *(adj.)* : dont l'effet provient du contraste entre le style noble, élevé et le sujet bas, vulgaire.

intrigue *(n. f.)* : enchaînement des événements, action d'une pièce de théâtre.

ironie *(n. f.)* : manière de railler, qui consiste à faire entendre, l'intonation aidant, le contraire de ce que l'on dit.

maxime *(n. f.)* : formule très brève énonçant une règle de morale ou de conduite.

métaphore *(n. f.)* : procédé consistant à donner à un mot la valeur d'un autre, grâce à une comparaison sous-entendue.
Ex : « La femme est en effet le potage de l'homme » (v. 436).

métonymie *(n. f.)* : procédé stylistique consistant à désigner la partie pour le tout, l'effet par la cause, le contenu par le contenant, etc. (et vice versa).
Ex. : « La besogne à la main !... » (v. 231).

mètre *(n. m.)* : nature du vers, déterminé par le nombre et la disposition des syllabes. La métrique est la science de la versification.

monologue *(n. m.)* : scène à un personnage qui se parle à lui-même (ex : II, 1).

nœud *(n. m.)* : moment où l'intrigue atteint sa complexité maximale.

parodie *(n. f.)* : imitation satirique d'une œuvre sérieuse.

pastiche *(n. m.)* : œuvre qui imite le style d'un auteur.

pathétique *(adj. et n. m.)* : qui émeut vivement, qui excite passions et émotions violentes.

période *(n. f.)* : phrase complexe, formée de plusieurs propositions, donnant une impression d'équilibre et d'unité.

pointe *(n. f.)* : trait d'esprit, expression piquante.

précieuse *(n. f.)* : s'est dit, au XVIIe siècle, des femmes qui adoptèrent un langage recherché et une attitude nouvelle et raffinée envers les sentiments.

protagoniste *(n. m.)* : l'acteur qui joue le rôle principal dans une pièce de théâtre.

quiproquo *(n. m.)* : erreur qui consiste à prendre une chose, une situation ou une personne pour une autre.

redondance *(n. f.)* : répétition dans le discours.

règles du théâtre classique : ensemble de principes auxquels les auteurs du XVIIe siècle doivent se soumettre. Parmi elles : les règles de la bienséance, des trois unités, etc.

règle des trois unités : la règle de l'unité de l'action exige qu'une pièce ne développe qu'un seul sujet ; celle de l'unité de lieu, qu'elle se déroule en un seul endroit ; enfin celle de l'unité de temps, que l'action n'excède pas vingt-quatre heures.

satire *(n. f.)* : écrit où l'auteur dénonce les vices, les ridicules de quelqu'un ou quelque chose.

sentence *(n. f.)* : précepte de morale, opinion exprimés d'une manière dogmatique.

syllepse *(n. f.)* : dans une phrase, accord des mots (par ex. le sujet et le verbe) selon le sens et non selon les règles grammaticales. Ex : « Sais-je pas qu'étant joints... » (v. 1073).

synérèse *(n. f.)* : prononciation en une seule syllabe de deux voyelles successives généralement prononcées en deux. Ex : « Et la bonne paysanne... » (v. 133).

tragédie *(n. f.)* : poème dramatique développant une action sérieuse et complète, empruntée à l'histoire ou à la légende, entre personnages illustres, ceux-ci en proie à des passions qui luttent entre elles ou contre le destin.

tragi-comédie *(n. f.)* : genre dramatique en faveur au XVIIe siècle, mêlant à la tragédie des éléments empruntés à la comédie.

Collection fondée par Félix Guirand en 1933, poursuivie par Léon Lejealle de 1945 à 1968 puis par Jacques Demougin jusqu'en 1987.

Nouvelle édition
Conception éditoriale : Noëlle Degoud.
Coordination éditoriale : Marie-Jeanne Miniscloux,
Emmanuelle Fillion.
Conception graphique : François Weil.
Collaboration rédactionnelle : Denis A. Canal, agrégé des lettres.
Coordination de la fabrication : Marlène Delbeken.
Documentation iconographique : Nicole Laguigné.
Schéma p. 8 : Thierry Chauchat et Jean-Marc Pau.

Sources des illustrations
Christophe L. : p. 5.
Larousse : p. 10, 144.
Lipnitzki : p. 16.
Lauros-Giraudon : p. 22.
Enguérand, photos Alain Sauvan : p. 63, 135.
Lipnitzki-Viollet : p. 80.
Enguérand : p. 89, 102.
Jean-Loup Charmet : p. 118.

COMPOSITION : SCP BORDEAUX.
IMPRIMERIE HÉRISSEY. – 27000 ÉVREUX. – N° 75354.
Dépôt légal : Décembre 1989. N° de série Éditeur : 19172.
IMPRIMÉ EN FRANCE *(Printed in France).* 871306 P - Février 1997.

Dans la nouvelle collection
Classiques Larousse

H. de Balzac : *les Chouans ; Eugénie Grandet.*

F. R. de Chateaubriand : *les Mémoires d'outre-tombe* (livres I à III) ; *René.*

P. Corneille : *le Cid ; Cinna ; Horace ; Polyeucte.*

D. Diderot : *le Neveu de Rameau.*

G. Flaubert : *Hérodias ; Un cœur simple.*

T. Gautier : *la Morte amoureuse, contes et récits fantastiques.*

V. Hugo : *Hernani.*

E. Labiche : *la Cagnotte ; le Voyage de M. Perrichon.*

J. de La Fontaine : *Fables* (livres I à VI).

P. de Marivaux : *la Double Inconstance ; les Fausses Confidences ; l'Ile des esclaves ; le Jeu de l'amour et du hasard.*

G. de Maupassant : *Boule de suif, et autres nouvelles de guerre ; le Horla ; la Peur, et autres contes fantastiques ; Un réveillon, contes et nouvelles de Normandie.*

P. Mérimée : *Carmen ; Colomba ; la Vénus d'Ille.*

Molière : *Amphitryon ; l'Avare ; le Bourgeois gentilhomme ; Dom Juan ; l'École des femmes ; les Femmes savantes ; les Fourberies de Scapin ; George Dandin ; le Malade imaginaire ; le Médecin malgré lui ; le Misanthrope ; les Précieuses ridicules ; le Tartuffe.*

Ch.-L. de Montesquieu : *Lettres persanes.*

A. de Musset : *Lorenzaccio.*

G. de Nerval : *Sylvie.*

Les Orateurs de la Révolution française.

J. Racine : *Andromaque ; Bajazet ; Bérénice ; Britannicus ; Iphigénie ; Phèdre.*

E. Rostand : *Cyrano de Bergerac.*

J.-J. Rousseau : *les Rêveries du promeneur solitaire.*

Le Surréalisme et ses alentours (anthologie poétique)

Voltaire : *Candide ; Zadig.*

(Extrait du catalogue)